特別支援教育の現場がわかる！

エピソードで学ぶ 知的障害教育

松浦俊弥 著

北樹出版

まえがき

　特別支援学校の教員だった頃、教え子の就職先を探していて、ある大企業に雇用のお願いに行ったことがありました。
　会談した企業の重役は「当社は障害者雇用には積極的で、すでにたくさんの方が働いています」とお答えになり、教え子の就労はあきらめざるを得なかったものの、その言葉には感謝の気持ちを抱きました。しかし彼は「ウチは社会貢献に熱心ですから」と続けました。その瞬間、社会ではいまだに障害者雇用は「社会貢献」と受け取られているのだとがっかりしたことを覚えています。
　知的障害がある子どもたちの特別支援学校では、卒業後の自立と社会参加に向けて、小学部の頃から生活指導、学習指導、職業指導に力を入れ、一人一人が有意義な人生を送ることができるように教育しています。企業関係者が来校し、高等部の生徒の作業学習を見学すると、その技術力の高さに多くの方が目を見張ります。
　この子どもたちの真実の姿を、もっと社会に広く伝えていかなくてはならない。そうでなければ、いくら特別支援学校で力を伸ばしても、彼らが社会に受け入れられていくことは難しい。その思いは日増しに強くなり、愛着の強かった特別支援学校の教員を退職し、特別支援学校や特別支援教育の真実を社会に広く伝えたい、と転身しました。
　特別支援学校の教員免許取得を目指す大学生たちと初めて顔を合わせて驚いたのは、将来、そこに勤務する教員になるかもしれないのに、特別支援学校の内情を何も知らないことでした。また小中学校の職員研修会で講師を依頼されることも多いのですが、通常学校の教員でさえ特別支援学校や特別支援教育についての理解がいまだに充実されていないことを実感しています。
　そこには笑顔の子どもたちがいて、一生懸命にがんばる先生方がいて、子どもの成長に目を細める親の姿があります。「特別」と呼ばれてはいても、日々

の生活の様子や教育の目的は通常学校となんら変わりはありません。その真実の姿を、ぜひ多くの皆さんに知ってもらいたいと考えていたところに、本書執筆の話をいただきました。

　まだまだ不十分な内容かもしれませんが、できるだけ具体的にわかりやすく、知的障害特別支援学校の様子を解説したつもりでいます。本書を通じて「こんなに魅力的な教育の世界があるのだ」と理解していただければ幸いです。

　なお、本書の出版に当たり、企画から構成等について丁寧にアドバイスを頂いた北樹出版の木村慎也様には心より御礼を申し上げます。

　　2014（平成26）年9月13日

　　　　　　　　　　　　　　　　　　　　　　　　　松　浦　俊　弥

目次

序 …………………………………………………………………………………… 10

　エピソード1 >>>「ケンジ君のいもうと」 10

Chapter1　特別支援教育・特別支援学校 …………………………………… 14

1.「障害」について 14

　エピソード2 >>>「コヤマさんのゆううつ」 14

　　(1)福祉の「障害」と教育の「障害」 16　(2)障害者運動と連動する特別支援教育 17
　　(3)ICFの観点 18　(4)QOLとADL 20　(5)「子ども」であることを忘れない 21

2. 特別支援教育 23

　エピソード3 >>>「ダイキ君が暴れたそのわけ」 23

　　(1)特別支援教育の定義と対象 24　(2)「特別な支援」とは？ 25　(3)生きる力 26

3. 特別支援学校 28

　エピソード4 >>>「ヨシカズ君のお父さんの涙」 28

　　(1)特別支援学校の目的 29　(2)知的障害教育を行う特別支援学校 30　(3)高等部
　　だけの特別支援学校 31

4. 特別支援学校の子どもたち 32

　エピソード5 >>>「ミツヒロ君が書いた『え』」 32

　　(1)知的障害がある子どもたち 34　(2)知的障害がある子どもの就学・進学 35
　　(3)様々な知的障害 36

5. 特別支援学校の教職員 37

　エピソード6 >>>「カツタ先生のおにいさん」 37

　　(1)校長・副校長・教頭 39　(2)教諭・講師 39　(3)学級担任 40　(4)教員免許 41
　　(5)本当に免許がなくてもいいの？ 42　(6)教員以外の職種 43

6. 特別支援学校の一日 44

　エピソード7 >>>「マサオ君の小さな旅」 44

　　(1)スクールバスと「自力登下校」 46　(2)朝の準備 47　(3)授業、給食、そして
　　下校 48　(4)放課後 49

Chapter2　特別支援学校の教育　……………………………………… 51

1. 学習指導要領と教育課程　51

エピソード8 >>>「サカガミ先生の質問」 51

(1)学習指導要領　54　(2)教育課程　56　(3)特別支援学校の学習指導要領と教育課程　57　(4)柔軟性が必要な知的障害教育　57　(5)特別支援学校の教科書　59　(6)学習指導要領・改訂のポイント　60

2. 個別の指導計画と個別の教育支援計画　62

エピソード9 >>>「ソウジロウ君のストレス」 62

(1)個別の指導計画・個別の教育支援計画　64　(2)特別支援教育に関係する各種「計画」　65　(3)「個別の計画」の目的・内容とそれぞれの関係性　67　(4)卒業しても続く支援　69　(5)記述方法の留意点　70　(6)作成例　71

3. 特別支援学校の授業　74

エピソード10 >>>「マサカズ君の目標」 74

(1)自立活動　77　「自立」とは　自立活動の内容　自立活動の位置づけ

エピソード11 >>>「ルリコさんと竜」 82

(2)領域・教科を合わせた指導　86　「準ずる教育」と「特例」　「合わせた教育」について　＊日常生活の指導　＊遊びの指導　＊生活単元学習　＊作業学習

エピソード12 >>>「小さな声のエリカさん」 103

(3)それ以外の指導　105　総合的な学習の時間　教科学習や道徳・特別活動等の目的と内容　日課表（時間割）

エピソード13 >>>「緑沼の竜の物語」 110

(4)学校行事　112　特別支援学校の行事　開かれた学校作り　「わからないもの」への不安

4. 地域とともに　115

エピソード14 >>>「オグチ校長先生の涙」 115

(1)地域との連携　117　(2)「地域」における存在意義　119　(3)様々な取り組み　120

Chapter3　知っておきたいあれこれ　……………………………… 122

1. 保護者対応　122

エピソード15 >>>「ジュンヤ君のお母さん」 122

(1)「モンスター」なんかじゃない　*125*　(2) 障害がある子どもの保護者心理　*126*
　　　(3) 家族への支援　*127*　(4) 学校は最も身近な相談場所　*128*　(5) 保護者対応に必要な心構え　*129*　　常に丁寧に対応する　　当たり前のことを当たり前に　　保護者にもわかりやすく具体的に　　正しい情報を正しく伝える

2. 特別支援教育コーディネーター　*131*

エピソード16 〉〉〉「不登校のリョウイチ君と『ギンヤンマ』」　*131*

　　　(1) コーディネーターの仕事　*135*　(2) コーディネーターの資質　*137*　(3) 幅広い視野　*139*　(4) めざせ！コーディネーター　*140*

3. 放課後等デイサービス　*141*

エピソード17 〉〉〉「ダイゴさんの思い出」　*141*

　　　(1) 放課後等デイサービスとは　*143*　(2) 放課後デイの目的と役割　*144*　(3) 放課後デイと学校等の連携　*145*　(4) 放課後デイの課題　*147*

Chapter4　特別支援学校の教員に求められているもの　……………… 149

1. 教育公務員として　*149*

エピソード18 〉〉〉「頑張り屋のコバヤカワ先生」　*149*

　　　(1) 公務員としての教員　*152*　(2) 公務員としての義務　*152*　(3) 公務員の権利と保障　*153*　　給与　　勤務時間　　休暇等

2. 特別支援学校の教員として自覚しなければならないこと　*157*

エピソード19 〉〉〉「先生たちの慰労会」　*157*

　　　(1) 先生たちも「勉強」します　*159*　(2)「人権侵害」が許されない特別支援学校　*160*　　少し肥満傾向にあった子どもの給食を担任が減らしてほかの子どもに食べさせた　　高等部の障害の重い子どもの名前を「～ちゃん」付けで呼ぶ　　自閉症の子どもの前でその症状について教員間で話し合う　　食事や排泄を失敗してしまった子どもを大勢の前で大声で叱責する　　障害により他害傾向がある子どもを「ほかの子どもが危ないから」といって授業に参加させない　　(3) 障害がある子どもの人権　*163*　(4) 人権侵害と虐待　*164*　(5) 社会人としての見本となる教員　*165*

3. 教職員の健康管理　*166*

エピソード20 〉〉〉「ウチダ先生の決断」　*166*

　　　(1) 教職員のメンタルヘルス　*168*　(2) 特別支援学校教員としての「やりがい」　*169*　(3) 素敵な特別支援学校の先生に！　*170*　(4) 気をつけたい健康管理　*171*

Chapter5　小中学校の知的障害教育 ……………………………… 173

1. 特別支援学級とは　173

    エピソード21 >>>「ジロウ君の孤独な戦い」　173

2. 特別支援学級の対象になる子どもたち　177
3. 特別支援学級の教育　178
4. 特別支援学級の専門性　179
5. 特別支援学級の担当教員　181
6. 通常学級にいる知的障害児　184
7. 就学の問題　185
8. 「就学指導」から「教育支援」へ　187

Chapter6　特別支援学校を取り巻く諸課題 ……………………………… 191

1. 卒業生の進路　191

    エピソード22 >>>「エノキダ君の再就職」　191

2. 生徒指導と社会問題　195
3. 山積する諸課題　196

    (1)教員の専門性　196　(2)過密化・教室不足　197　(3)校舎の利便性　197　(4)その他の課題　198　(5)子どもたちのために！　199

エピソードで学ぶ
知的障害教育

Episode 1 「ケンジ君のいもうと」

　緑の森特別支援学校の**高等部**[(1)]にいるケンジ君には**知的障害**[(2)]がありました。それでも、とてもユニークな性格の持ち主で、担任の先生の後ろからそっと近づき「カ、カゲウラー！」とわざと名前を呼び捨てにし、先生が怒ったような表情で振り向くと、笑いながら歓声を上げて逃げていくことがよくありました。

　高齢ながら真っ黒に日焼けして工事現場で一生懸命に働く小柄なお父さん、若くシャキシャキとした気さくなお母さん、そしてまだ小さい計6人の弟、妹たちの大家族に囲まれながら、ケンジ君は貧しくも楽しい日々を過ごしていました。

　ある日の朝、**スクールバス**[(3)]を降りてきた彼のカバンに、いつも入っているはずのお母さんからの**連絡帳**[(4)]が見当たりません。次の日も、そしてまた次の日も。携帯電話を持たないお父さんと日中には連絡が取れず、数日後の夜遅い時間にカゲウラ先生は思い切って家庭訪問をしました。

　お父さんは少しやつれた表情で「ウチのが実家に帰ってしまってねえ……」と静かにつぶやきました。若いお母さんは子育てに疲れたのか、どうやら家を出て行ってしまったようです。そしてその後、離婚が決まりました。もちろんお父さん1人でケンジ君を含む7人の子どもたちを育てることは難しく、役所の手配で子どもたち全員がそれぞれ別々の**児童養護施設**[(5)]に入所することが決まりました。ケンジ君も自宅からは遠く離れた**障害児施設**[(6)]へ入所することになり、学校も転校することになりました。

　ケンジ君がいよいよ転校する前日、クラス全員でお弁当を持参し、小春日和の校庭でお別れ会を催しました。先生は事前に「彼の弁当を学校で用意したい」とお父さんに相談したところ「最後なので何とかして持たせます」とのことでした。そしてその日、ケンジ君は黄色い花柄のかわいらしいハンカチに包まれた小さなお弁当箱を持参していました。

　明日は見知らぬ施設へ移ってしまうこともあまりよくわかっていない彼は、いつものように芝生の上のシートに胡坐をかく先生の背中に抱きつき「カ、カゲウラー」と繰り返しながら笑っていました。さびしくもあり辛くもあり、やれやれ、人の気持ちも知らずに、と苦笑しながら彼の弁当包みを開けた先生は、そのふた

の上に小さなノートの切れ端を見つけました。

そこには担任のカゲウラ先生に宛てた小学4年になる妹からのメッセージが書かれていました。

「今までおにいちゃんのことを見てくれてありがとうございました」。短い文章の下にはかわいらしいお花の絵と、にっこり微笑んでVサインをしている女の子の絵が描かれていました。お弁当箱のふたを開けると、形の崩れた卵焼きと焼け焦げたウインナーが真っ白いご飯の上に乗せられていました。

兄弟姉妹の中でも年長のほうの彼女は、お母さんが出て行った後、学校を休みながらケンジ君や小さな弟、妹の世話を一手に引き受けていたようです。家庭訪問をした際、お父さんと話をしている先生の背中にじゃれるケンジ君の姿を見て、小さいなりに「お兄ちゃんに優しくしてくれているんだなあ」と感じてくれたのかもしれません。

淡い陽光の下、友だちと校庭で追いかけっこを始めたケンジ君の姿や、その向こうにある小さなつぼみを膨らませ始めた桜の並木が、あっという間に涙で霞み、やがて見えなくなってしまいました……。

「学校の先生になりたい！」。皆さんがそう思ったきっかけは、子どもの頃に通った「学校の思い出」の影響が大きいのではないでしょうか？

では「特別支援学校の先生になりたい」「免許が欲しい」と希望してこの本を手にした皆さん。きっかけはなんですか？

肢体不自由教育や病弱教育の特別支援学校、あるいは盲、ろう学校に通ったことがあるという方はひょっとしたらいるかもしれません。でも知的障害の特別支援学校を経験した方はおそらくいないでしょう。そこで学校生活を過ごした経験がないのに、あなたはなぜ「特別支援学校の先生になりたい」と考えているのでしょう。ひょっとしたら「なんとなく」決めたのではありませんか。

そこにどんな子どもがいて、どんな教員がいて、学校の中がどうなっている

のか、知っていますか？　それを知らずに特別支援学校の教員になることに不安はないですか？

　本書では特別支援学校のありのままの姿をリアルに理解してもらえるよう、そして「なんとなく」ではなく「なんとしても特別支援学校の先生になりたい！」という気持ちを強く持ってもらえるよう、現場での経験を参考にしたショートストーリーを軸とした構成を心がけました。

　実は、小中学校とは少し異なりますが、特別支援学校にはそこでしか味わえないダイナミックな人生の喜怒哀楽を感じさせるドラマが待っています。そして特別支援学校での勤務経験を重ねていけば、いつの日か「人はなぜ生きるのか？」といった永遠の命題にあなたなりの答えを持つことができるようになるかもしれません。

　人の支えになっていると実感できる。誰かが自分を待ってくれている。子どもの人生に深くかかわることができる。教え子や保護者から「先生と出会えてよかった」と思ってもらえる。そんな魅力的な教育現場が特別支援学校なのです。

　筆者は28年間の教員人生のうち、23年を特別支援学校の現場で過ごしてきました。そのうちの15年を知的障害の子どものための特別支援学校で費やし、学級担任から特別支援教育コーディネーター、そして管理職などを経験してきました。その中で実際にあった出来事を参考にしたコラムにイラストや写真を添えながら、基礎知識、専門知識、専門用語についてわかりやすく具体的に解説していきたいと思います。また小中学校における特別支援教育についても少し触れていきたいと考えています。

　特別支援学校の教職員を目指す方だけでなく、すでに現場で勤務されている方、小中学校等の先生方、保護者の皆さんにも参考になる情報をお届けします。ぜひ今後のあなた自身の人生に有効に役立てていただければ幸いです。

　なお、文中に示す様々なエピソードは個人情報保護の観点から文中に登場するのはすべて架空の人物にし、物語の主要な部分以外は事実を脚色して記述し

ています。「緑の森特別支援学校」もそのモデルはありますが実在はしていません。

　また、先のエピソードには注記している言葉をいくつか登場させましたが、これらは特別支援学校等でよく使われるものです。中には「専門用語」と呼ぶほどでもないものもありますが、この世界をよりいっそう身近に感じていただくためにも、本文中のエピソードを含め、下記のようにあえて丁寧にわかりやすく解説をつけてみたいと思います。

(1) **高等部**
　　高校生段階の障害がある子どもたちが通う特別支援学校の「学部」です。小学生段階は「小学部」、中学生段階は「中学部」に通います。ろう学校や盲学校には就学前の子どもが通う「幼稚部」をおいているところもあります。

(2) **知的障害**
　　知的な発達、たとえば記憶や認知（知識をためて物事を理解すること）などの発達が年齢に比べてゆっくりで、同年齢の人に比べて年齢並みの学習が難しいことを指します。日本ではおおむねIQ（知能指数）70未満の方を指していいます。IQ70だと、同年齢に比べ7割の知的理解力がある（10歳児なら7歳程度の能力）、ということです。

(3) **スクールバス**
　　知的障害の特別支援学校には子どもたちの登下校にスクールバスを利用させているところが多くあります。学区が広いことと1人での登下校が難しいことなどからです。

(4) **連絡帳**
　　知的障害があると、学校からの連絡やその日の学校生活の様子などを子どもたちが保護者に自分で説明しづらいことがあるので、学級担任などが子どもに代わってその日の様子を記録し、家庭との情報交換を行うために連絡帳を使うところが多いようです。通常のノート形式もあれば、様式を決めた専用紙でやり取りする場合もあります。

(5) **児童養護施設**
　　児童福祉法第41条に規定されていますが、簡単にいえば何らかの事情で保護者がいなくなったり、虐待を受けたりするなどして家庭以外の場で養育する必要がある児童が集団生活をする施設です。ちなみに福祉の世界で児童とは18歳未満の子どもを指します。

(6) **障害児施設**
　　一口に障害児施設といっても数多くありますが、このエピソードの中に登場するのは障害児入所施設です。児童福祉法第42条にその規定がありますが、児童養護施設と同様の条件を持つ障害のある子どもたちが対象になります。やはり集団で生活する場となります。

Chapter 1 特別支援教育・特別支援学校

1 「障害」について

Episode 2 「コヤマさんのゆううつ」

　生まれてすぐにかかった病気が原因で右足を自由に動かしづらいコヤマさんは、今は**知的障害者施設**[1]の責任者をしています。彼は幼い頃に**身体障害者手帳**[2]の交付を受け、まだ**バリアフリー**[3]という言葉が存在しないような時代に、苦労しながら地域の小学校や中学校に通い、福祉系の大学にまで進みました。

　小中学校では不自由な足を引きずる姿を友だちにからかわれ、とても辛い思いをしてきました。「障害は不便だし、不快だ。健常者と呼ばれる人々はもっと障害者の気持ちに共感し、その存在を尊重するべきだ」。彼は様々な**障害者運動**[4]に参加し、施設長になった今もその理想を貫こうと、職員にはことあるごとに利用者に対して「優しくしなさい」「親切にしなさい」と厳しく指導してきました。

　しかし、初老と呼ばれる年齢になった頃、施設の中がいつもピリピリしていて、なんだか「明るさ」や「楽しさ」といった雰囲気が不足しているのではないかな、ということを感じ始めたのです。「なぜだろう。こんなに利用者の人権を守ろうと努力しているのに」。コヤマさんは改めて「障害ってなんだろう?」「福祉ってなんだろう?」「支えるってどういうことなのだろう?」と自問自答する日々が多くなってきました。そんなある日、コヤマさんはある聴覚障害者団体の懇親会に招かれました。

　会場には数百名の聴覚障害がある方々がいたのですが、聴覚障害がない参加者はコヤマさんだけでした。やがて主催者の挨拶が始まり、周囲の参加者に笑顔の輪が広がり始めたのですが、実はコヤマさんは内容をまったく理解できませんでした。主催者は挨拶をすべて手話で行っていたのです。

　しかし、彼は会場でどのような情報がやり取りされているかわからなかったものの、なぜかそこに広がる笑顔の輪を快く「感じる」ことができていました。「不

便」ではありましたが「不快」ではなかったのです。話の内容はわからないものの、なんだか笑顔の輪の中にいるだけで安心感があり、豊かな気持ちになっていました。

　自分の施設はどうだろう。笑顔の輪が広がっているだろうか。バリアフリーに配慮した施設で、職員も十分に知的障害がある方々の人権を守りながら仕事をしている。おそらく不便ではないはずだ。しかし果たして利用者のみなさんは快く、気持ちよく過ごせているだろうか。自分は利用者の「障害」にばかり気を取られ、「人」として当たり前に、前向きに接しようとしてこなかったのではないだろうか。

　翌日、いつも眉間にしわを寄せた厳しい表情がトレードマークだったコヤマさんが、出勤すると職員に笑顔で、そして大きな声で「おはよう！」と声をかけました。周囲は驚きました。また施設に到着した利用者の皆さんにも大きな声で「おはよう！」と挨拶をしました。そうすると男性も女性も、すぐに笑顔になり、今までコヤマさんを遠巻きにしか見ていなかった人々が、彼の周りに集まってきたのです。

　人権を守ることも、親身になって支援することも必要です。でも一番大切なのは……、「ともに生きる」人々が楽しく、笑顔で過ごすことなのかもしれない。コヤマさんは「障害」にばかり目を向けていた自分を反省し、同じ「人」と「人」として、対等な立場で笑顔を交わしあう施設作りに、これからは力を注いでいこうと決意を新たにしたのです。

（1）知的障害者施設

　ひとことで言えば「主に18歳以上（特別支援学校高等部や高等学校を卒業した後のことを指します）の知的障害者が利用する福祉施設」ということです。通常は自宅で生活しながら日中だけ就労訓練や心身の健康保持などを行う通所型や、衣食住のほとんどすべてをそこで行う入所型など様々な形態があります。家庭の状況や障害の程度などにより利用する施設は変わってきます。昔はこれらの条件から市町村行政が利用する施設を決めることが多かったのですが、今は法律が変わり、基本的には利用者が自ら施設を選ぶことができるようになっています。知的障害特別支援学校の卒業生の多くが知的障害者施設を利用しています。

（2）身体障害者手帳

　本文にも説明されていますが日本の「福祉」における障害者は「知的」「身体」「精神」の３つになっています。それぞれが一定の条件を満たすと障害者手帳が交付され、社会生

活上の支援が受けられます。年金の受給や公共交通機関の割引などです。身体障害のある方が交付される手帳を身体障害者手帳といい、視覚障害、聴覚障害、内部障害など12種類の身体障害が対象となっています。障害の程度等によって1級（重度）から7級（軽度）までありますが実質的に手帳の交付がされているのは6級までです。

(3) バリアフリー

よく聞かれる言葉ですのでなんとなくイメージできるかもしれませんが、たとえば車椅子を利用している方が移動する際に困らないような対策（駅にエレベーターがある、階段にスロープがあるなど）を講じるように、障害のある方が社会生活を送る上で不利益を被らないような物理的な配慮を言います。ただ、まだ誤解があるようですが、それは障害者のためだけのものではなく、高齢者や乳幼児、病人、妊婦など社会生活上に配慮が必要な方すべてが対象となるものです。車椅子マークのついたトイレは車椅子の方だけでなく、その設備を必要としている方すべてが利用できます。もちろんあなた自身が病気やケガで体調を崩したときに必要があれば利用してもよいのです。最近ではバリアフリーよりもユニバーサルデザインという言葉が用いられることがあります（p.27参照）。

(4) 障害者運動

日本だけではありませんが、人間が生活するこの社会は、何かを必要としている人々が声を上げないと、その分野の整備が進まない仕組みになっているのかもしれません。特に社会的に弱い立場にあったり少数派であったりする人々の声は広がりにくく、障害者に対する整備も立ち遅れていました。

そんな状況を改善するため、当事者（その問題に直面している人々）や家族、または関係者が改善のための声を上げ、運動を広げていき、社会全体の関心を高め、国や自治体を動かしていく、といった動きや取り組みが多く見られました。

日本では様々な障害者団体があり、たとえば中でも規模が大きい「全日本手をつなぐ育成会」（知的障害者の保護者による全国組織）は1952年に知的障害者の母親3人が子どもたちの処遇の改善を求めて立ち上げたものです。運動は年々大きくなり、それに比して知的障害者対策も改善が進みました。今では約30万人の会員を擁し、国の福祉施策の方向性を決める際にも重要な役割を果たしています。

障害者福祉や特別支援教育は、数多くの先人の尊い運動なくしてはここまで充実しなかったでしょう。しかし、それでもまだまだ不十分な面が多いと思いますので、皆さんにもぜひ関心を持ってもらえれば、と思います。

(1) 福祉の「障害」と教育の「障害」

今、世間では障害を「しょうがい」と平仮名で表記する流れがあります。「障害」はどの辞書を見ても「差し障りがあるもの」「邪魔になっているもの」と説明されていて、確かに良い意味は見つかりません。このような言葉があるから偏見や差別が生まれる、という主張にもうなずけます。

ただ、法律などの公的な文書等では漢字で「障害」と表記することがほとんどです。特別支援教育の世界でも同様です。したがって本書でもその是非には

触れず、漢字表記で通していきたいと思います。

障害児者福祉関係の法律では「身体障害（肢体不自由、視覚障害、聴覚障害、病気等による内部障害など）」「知的障害」「精神障害」の三つが規定されています。これを一般的には「三障害」と呼びます。

特別支援学校が対象とする児童生徒については学校教育法施行令第22条の3により「視覚障害」「聴覚障害」「知的障害」「肢体不自由」「病弱」の5つが定義されています。このほかにも特別支援学級や通級指導教室の対象としてさらに細かく対象となる障害種が規定されています。ここでは障害児者福祉でいう「障害」と、特別支援教育での「障害」とはその範疇やニュアンス、定義が異なることを覚えておいてください。

ちなみに福祉でいう「身体障害」は、教育でいう「視覚障害」「聴覚障害」「肢体不自由」に該当します。あるいは「病弱教育」の対象児が内部障害により身体障害者手帳を交付されることもあります。

また福祉でいう「精神障害」は、教育の世界で法的には特別支援学校の対象になっていません。昨今ではうつ病や統合失調症など「心の病」を持つ子どもたちが増えているといわれていますし、知的障害のない発達障害（LD、ADHD等）がある子どもが精神障害のための障害者手帳（「精神保健福祉手帳」などと呼ばれます）の対象になるケースも増えています。特別支援学校が対象とする児童生徒が、社会的な現状に見合う形でその範囲を広げる必要があるように感じています（現状では「心の病」を持つ子どもたちは病弱教育の対象とされています）。

(2) 障害者運動と連動する特別支援教育

「障害とは？」などと書くと難しい話になりかねませんので、ここでは避けますが、日本に限らず障害がある人々は古くから差別や偏見の対象にされることが多くありました。これらの障害者問題に対し国連は1971年に「精神薄弱者の権利宣言」を出し、障害者の権利を守る取り組みが開始されました。その後、1983年から92年までを「国連・障害者の十年」と宣言するなどの動きを

進めています。

　日本では世界的なこれらの流れに乗り、2002年12月に障害者基本計画が閣議決定されました。実は以前に「特殊教育」(簡単にいえば障害児のみを対象にして場を変えて行う教育)と呼ばれていたものが、特別な支援を要するすべての児童生徒にすべての学校で特性や能力に応じた教育を行う「特別支援教育」に変更された(2007年4月)のも障害者基本計画の内容に沿った変更なのです。

　国連では2006年12月には障害者の権利に関する条約が採択され、日本も2007年9月に署名しています。子どもたちに障害がある特別支援学校の教員を目指すには、障害に関連する国際的な潮流も学んでおいたほうが良いでしょう。

(3) ICFの観点

　国連は昔、「障害」には3つの定義(解釈の仕方)がある、と説明していました。1980年、WHOが出した「世界国際障害分類(ICIDH)」で「機能的な障害(インペアメント)」「能力的な障害(ディスアビリティ)」「社会的な障害(ハンディキャップ)」の3つです。

　たとえばある人が交通事故で右足を失ってしまったとしましょう。彼が「右足を失った」事実は「機能的な障害」です。「足」という体の機能の一部に障害が生じたわけですから。そしてそこには「歩行が困難になる」という障害が発生します。これは「歩く」という能力が困難になったので「能力的な障害」に当たります。さらに「歩行が困難になった」ことが原因で階段を上りづらくなった、だからエレベーターなどのない駅は利用しづらくなった、その結果社会に参加する機会が大幅に制限されてしまったとしたら、それが「社会的な障害」に当たることになります。これらの意味の違いがわかりましたか。

　でも「機能的」「能力的」「社会的」な障害の表現はとても「第三者的」で「客観的」なのではないでしょうか。「あの人は足を失ってしまったね」「だから歩きづらそうだね」「だからあまり外出しなくなったんだね」という感じです。なんだか障害を負った本人に責任があるようにも聞こえてしまいます。

日本では障害があるとかないとか、男性であるとか女性であるとか、若いとか高齢だとか、都会に住んでいるとか地方に住んでいるとかなど、どのような条件下にあってもすべての人間には同じ権利が保障されなくてはいけません。憲法にある「基本的人権の尊重」です。よって「障害があるから社会参加が制限されてしまう」ことがあってはいけないのです。世界的にも同様のことがいえます。

　そこで国連では検討を続け、2001年5月、WHOがICF（国際生活機能分類）でその考え方を改めて発表しました。「障害者の社会参加が妨げられているのは社会の側に責任がある。社会参加できない障害者がいる事実を、彼らが生活する国、自治体、地域及びそこで暮らす人々すべてが真剣に考え、改善に向けて取り組まなければならない」ことを明らかにしたのです。ICFはあくまでも医療や福祉などにおいて当事者の健康状態を分類するために作られたものなので、その内容や解釈はとても難しいのですが、皆さんにはここまで説明してきたように「なぜこれが作られたか」といった背景だけは覚えておいて欲しいと思います。

　なぜなら日本の特別支援教育改革の背景にはICFの登場が大きく関与しているからです。障害や病気などがある子どもたちに対し、一人一人の状況に応じた教育方法を提供し、彼らの持てる力を引き出し、育て、「生きる力」を伸ばしていく。「障害や病気があるからあれができない、これができない」と考えるのではなく、教員は子どもたちの障害や病気による困難を改善し、克服するために教育を行わなければならない。もし彼らが持っている能力が十分に発揮されないままだとしたら、それはむしろ教員の指導力に問題があると考えたほうが良い。それが特別支援教育だと覚えておいてください。

　目の前の子どもをしっかり見つめ、理解し、どのような力を伸ばせばよいかを明らかにして教育計画を立て、根気強く、忍耐強く、一人の子どもの成長を支えていく。それが特別支援教育です。あなたが特別支援学校の教員になったとき、子どもの行動に何らかの問題が生じたとしたら、自身の指導に至らぬ点があるのかもしれない。そう考えられるような教育者になって欲しいと思います。

(4) QOL と ADL

　皆さんは何のために教員を目指していますか？　もちろん給与や身分が保障される公務員になりたいから、と答える方もいるでしょう。しかし、多くの方は教員として子どもたちとかかわることに「夢」や「希望」を持ち、公務員というよりはむしろ「学校の先生になりたい」と考えているのではないでしょうか？　人が生きるのに「夢」や「希望」は大事です。この世の中に「夢」や「希望」がなくなったら生きていくことさえ意味を感じなくなってしまいそうです。

　衣食住が保障されてさえいれば人は生きていけるのでしょうか。仕事もせず、学びもせず、趣味もなく、人とかかわることもなく、夢や希望を持たない、ただ毎日食べて寝るだけの人生だったら。そしてそれがこの先何十年も続くとしたら？

　今の時代、人は人としての尊厳を保ちながら「生きていく」ことが重要である、と考えられています。人としての尊厳とは「自己実現を伴う生き方」ともいえます。自己実現とは、人が生涯をかけて真・善・美を追求し前向きに生きようとする姿勢のことです。家族を守るため、「夢」を実現するため、趣味の世界を究めるため、美しい大自然の中で週末をのんびり楽しく過ごすためなど、その形は人それぞれです。

　一昔前、「障害者は生活に必要な力さえあればよい」と考えられていたような時代がありました。排泄や食事、着替えなど日常生活を送るのに必要な動作「日常生活動作」（Activities of Daily Living・「ADL」）だけを身につける教育、ただ単に生産ラインに沿って「働く」だけの教育が「養護学校」等の目標とされていたのです。

　それはもちろん生きていくためには必要な力なのですが、人はそれだけでは生きてはいけません。何のために生きるのか、何のために働くのか、何のために学ぶのか。障害があってもなくても、日々の生活の中に目標を持ち、楽しみながら笑顔で前向きに歩んでいく生き方が必要です。

　衣食住や労働に関する技術を教育するためなら障害がある子どもに無理を強

いても良いでしょうか？　泣いて嫌がる子どもに歩行訓練を強制する、偏食がある子どもに無理やり給食を食べさせる、体重減に効果があるからといって本人の意に反し肥満傾向の子どもの背中を押しながらランニングをさせる。これでは逆に歩く、食べる、走るといった基本的な行為（ADL）への抵抗感を育ててしまいかねません。

　「生活の質」（Quality Of Life・「QOL」）を高める教育とは、日々の生活を自分らしく、目標を持って充実して過ごしていこうとする力を育てる教育のことです。給食で言えば、語らいながら笑顔で食べる食事を通して「みんなで食べるとおいしいね」「いろいろなものをたくさん食べて大きくなろうね」と「食事の楽しさや意義」（QOL）を教え、なおかつ「食べ方や偏食の指導」（ADL）を入れていく、といった総合的な食育が重要になります。

　ADLとQOLの関係をしっかり理解し、特別支援教育においてはどちらにも偏らない「両方が大切」ということを忘れない教員になってもらいたいと思います。

(5)「子ども」であることを忘れない

　特別支援学校にいた頃「教員は子どもたちの障害にばかり注目し、『子ども』であることを忘れてしまうことがよくあるのではないか」と感じていました。自閉症やダウン症、重度重複障害の子どもたちの各々の障害に目を向けると、確かに「できること」と「できないこと」が数多く出てきます。できないことをできるようにする、それが特別支援教育に違いないのですが、では「できないからやらせない」ことは果たして子どもへの教育といえるでしょうか。「子ども」としての権利を奪いかねないような場面が、特別支援学校ではまま見受けられます。

　あるとき、こんなやり取りがありました。中学部のある学年が調理実習をすることになり、学年会議で学年主任は調理に使う材料を近くのスーパーに子どもたち全員を連れて買いに行こうと提案しました。しかし、中堅の教員が「自閉症のコウイチ君は食べ物を見るとすぐに手を出して食べてしまう。スーパー

のお菓子を見たら手にとって食べてしまうかもしれない。そんな危険を冒してまで買い物に連れて行くことには反対だ」と訴えました。

　筆者はそのやり取りを聞き、ちょっとおかしくないかなと感じました。「スーパーで勝手に食料品を食べてしまうから連れて行かないと考えるなら、コウイチ君は一生スーパーには行けないわけだよね」。学年会議は水を打ったように静まり返り、多くの教員がこの言葉の意味を十分に理解したようです。

　障害があり、できないことがある。だからやらせない。障害にばかり目を奪われると、時に人として当たり前の営みを奪われてしまうことになりかねません。買い物という日常の行為はすべての人にとって身近なものです。であればなおさら、日常生活や将来の生活を有意義にするためにも、障害のある子どもたちに何度も買い物学習を体験させ、その方法、ルール、楽しさを積極的に教えていく必要があるように思います。

　障害があることを理由に、特別支援学校の子どもたちの楽しいひと時を奪うことはできません。この場合、食べ物を見るとすぐに食べてしまう、という特性があるのなら、日々の授業や給食指導などの時間に、食べ物を見てもすぐに手を出さないような習慣を身につけさせる教育を実施していかなければなりません。そうしなければコウイチ君は一生食料品店には買い物に行けないことになってしまいます。

　特別支援学校の教員なら、障害があるすべての子どもたちに「人」と「人」として向き合う。そして障害がある児童生徒が「子ども」であることを忘れない。学校教育法第72条にもあるように「障害による学習上又は生活上の困難を克服し自立を図るために必要な知識技能を授けること」を決して忘れず、すべての子どもたちが行きたいときにスーパーへ行き、欲しいものを買うことができる力を特別支援学校では育てていって欲しいと願っています。

2. 特別支援教育

Episode 3 「ダイキ君が暴れたそのわけ」

　青池小学校に入学したばかりのダイキ君は、入学式の翌日から学級担任を驚かせる数々の「事件」を引き起こしました。友だちに噛み付く、民家の庭に大きな石を投げ込む、先生の衣服をはさみで切ろうとするなど……。担任のナカムラ先生は困惑し、教頭先生に相談しました。教頭先生はすぐに近くの緑の森特別支援学校にいる**特別支援教育コーディネーター**(1)のツノダ先生に連絡を入れ、ダイキ君を見に来て欲しいとお願いしました。

　ツノダ先生はダイキ君の学校生活の様子を観察し、その上でお母さんと面談を行いました。そして生育歴などを確認した上で**知能検査**(2)の実施を持ちかけると、家庭でもダイキ君の行動に手を焼いていたお母さんは「ぜひお願いします」と答え、翌日にはもう検査を行うことになりました。

　検査結果は何らかの**発達障害**(3)傾向をうかがわせるものでした。ツノダ先生は再度の面談で結果をお母さんにわかりやすく解説しながら、ダイキ君自身が慣れない学校環境で困惑し、集団行動など不得意なことを強いられてストレスをためている可能性を説明しました。そして彼には特別支援教育が必要かもしれませんとそっと伝えました。

　お母さん自身は、ダイキ君の「問題」について周囲から子育てを非難されていたので、原因がほかにあることを知り、正直ほっとされた様子でした。しかし同時に「うちの子は障害児なのでしょうか？」「学校を転校しなければならないのでしょうか？」と表情を少し曇らせながら質問されました。

　「特別支援教育とは、一人一人の特性や能力に応じた教育を、そのお子さんが通っている学校で行うことをいいます。時には学校を変わるケースも確かにありますが、ダイキ君の場合は転校せず、この学校でダイキ君に合った形で特別支援教育を受けることが大切かと思います。大丈夫ですよ、お母さん」。

　お母さんは様々な悩みごとからようやく解放されたかのように、スーッと一粒涙を流しツノダ先生に深々と頭を下げました。

　その後、ダイキ君には市の教育委員会が派遣した**支援員**(4)が寄り添うことになり、またナカムラ先生もツノダ先生のアドバイスを

> 受けながら授業をダイキ君にわかりやすく工夫するようになり、彼は見違えるように落ち着き始めました。ちなみに、特別支援教育の手法を理解したナカムラ先生の授業力は向上し、ほかの子どもたちも生き生きと勉強に集中するようになりました。彼がその後、教員としての力量をほかの先生から一目置かれる存在になったのは、まさに「ダイキ君効果」だったのかもしれません……。

(1) 特別支援教育コーディネーター

学校教育法第74条では「特別支援学校は（…中略…）幼児、児童又は生徒の教育に関し必要な助言又は援助を行うよう努める」と規定されています。自分の学校以外にも、特別支援教育に関してサポートをしなさいということです。その窓口になる担当者を特別支援教育コーディネーターと呼びます。

(2) 知能検査

知能を測定するための心理検査のことを指します。心理検査とは何かって？　それはまた別の機会にゆっくり。ひとことで言えば、読み書きの能力、計算の能力、記憶力など様々な知的能力をあらゆる角度から検査し、子どもの得意な分野、不得意な分野を明らかにして、その後の学習指導に生かすものです。数多くの種類があり、子どもの特徴や目的によって使い分けます。知能指数（IQ）を測定することもできます。

(3) 発達障害

日本には発達障害者支援法という法律があり「自閉症、アスペルガー症候群その他の広汎性発達障害、学習障害、注意欠陥多動性障害その他これに類する脳機能の障害」を発達障害と呼ぶようになっています。しかし、医療の世界ではその範疇は知的障害や発育障害も含めもっと広くなりますし、2013年6月には医療の世界では「自閉症」「アスペルガー症候群」などの「広汎性発達障害」が「自閉症スペクトラム障害（ASD）」に統一されるなど国際的な定義が変更になっています。いずれにせよ発達障害は小中学校や高校等の特別支援教育においては最も注目されている障害のひとつです。

(4) 支援員

都道府県や市町村の教育委員会が雇用し、小中学校や高校、特別支援学校の中で教員等と協力しながら障害等がある子どもの学校生活を支える仕事をする方です。地域によって介助員、学習支援員、相談員、アシスタントティーチャーなど様々な呼び方があります。教員免許を雇用条件にするところもあれば、免許や経験不問で採用するところもあります。

(1) 特別支援教育の定義と対象

前節でも触れましたが、それまで「特殊教育」と呼ばれていたいわゆる障害児のための教育が、2007（平成19）年の法改正により特別支援教育と呼ばれるようになりました。文部科学省では特別支援教育を次のように定義しています。

「障害のある幼児児童生徒の自立や社会参加に向けた主体的な取組を支援するという視点に立ち、幼児児童生徒一人一人の教育的ニーズを把握し、その持てる力を高め、生活や学習上の困難を改善又は克服するため、適切な指導及び必要な支援を行うもの」。

　そしてさらに学校教育法第81条では、特別支援教育を「幼稚園、小学校、中学校、高等学校及び中等教育学校」においても通常学級、特別支援学級にかかわらず「行うものとする」と定められました。重要なのは、特別支援教育の対象は同条で規定する様々な障害のある子どもだけでなく「その他教育上特別の支援を必要とする幼児、児童及び生徒」をも対象としている部分です。
　福祉や医療の世界で「障害」や「病気」があると認定された子どもだけでなく、エピソードの中のダイキ君のように、診断名などはなくても、普通教育よりもう少し特別な方法による教育が必要ならばそれを実施する、それも特別支援教育だということです。
　昔は「養護学校（今の特別支援学校）」や「特殊学級（現在の特別支援学級）」で行われる障害や病気のある児童生徒への教育が「特殊教育」であったのですが、その対象が「特別支援教育」では大きく広がり、それまで「特殊教育」の対象とされていた知的障害、肢体不自由、視覚障害、聴覚障害、病気がある子どものほかに、通常学級にいる発達障害やその傾向がある子どもたちも対象に含まれるようになりました。

(2)「特別な支援」とは？

　では「特別な支援」とは具体的にどのようなことをいうのでしょう。たとえば弱視や全盲などがある視覚障害の子どもは目から知識、情報を入れることが難しいので、盲学校では耳からの情報入力を頼りにしながら点字を使ったり、文字や絵を大きく見ることができる拡大鏡、弱視レンズなどの補助器具を使ったりして学習します。
　しかし小中学校の通常学級で行われる「普通教育」ではクラスに数十名いる

子どもたち一人一人すべてにそのような特別な方法を用いることはあまりありません。ひとつのクラスで、その学年の学習指導要領に沿った同じ教科書を全員が使い、ほぼ同じ方法、手段で同時にクラス全員の児童生徒に教えることを「普通教育」と呼ぶなら、本人の特性に応じて、一人一人異なった教育方法、手段を用いることを「特別な支援」といい、それが必要な子どもへの教育が特別支援教育であるということになるのでしょう。

　知的障害があれば、その子の発達段階（何歳レベルか）を見極めた上で、能力に応じた学習を指導します。中学部の生徒でも、発達段階が小学校低学年程度であれば、ひらがなや足し算、引き算の勉強をすることもあります。また、たくさんの友だちの中では落ち着かなくなってしまうADHD（注意欠陥多動性障害）の子どもであれば、国語や算数の時間だけ個別の指導を受けるなど、特別な場所を提供し学習することもあります。

　障害や病気、またはその他の理由により普通教育では知識や技術を習得しづらい子どもたちはたくさんいます。自分でもそれに気がつかず、普通教育を受ける中で学力や体力が伸び悩んでいることに苦しんでいる子も多いのではないでしょうか。基本的にはすべての子どもに「特別な支援」をするくらいの心がけを、小中学校等の教員にも持ってもらえればよいのですが。

(3) 生きる力

　日本の教育がすべての子どもたちに身につけて欲しい最終目標を何と呼ぶかご存知でしょうか？　それは「生きる力」です。「生きる力」を文部科学省は「変化の激しいこれからの社会を生きるための、確かな学力、豊かな心、健やかな体がバランスよく調和した『力』である」と定義しています。

　社会には2011年に発生した東日本大震災などの災害、少子高齢化社会、経済不況、感染症の発生、事件・事故などのネガティブな変化もあれば、あるいはスマートフォンやタブレットなど、電子情報機器等の目覚ましい進化に象徴される文明の発展というポジティブな変化もあります。

　社会が今後、どのように変化していっても、一人一人の能力、個性に応じな

がら力強く生き抜いていく力、それが「生きる力」です。障害のあるなしなどにかかわらず、未来を託し、将来の社会を背負って立つすべての子どもたちに「生きる力」を身につけさせたい。そんな力を育てるためには、その子どもに応じた学習方法を考えていかなければならない。場合によっては相談員をつけたり、学ぶ場所を変えたり、特別な機材を使ったり、あるいは指導内容を簡単にしなければならない。そのような「特別な支援」方法を用いた教育が特別支援教育なのです。

　普通教育の中で埋もれてしまっていた子どもたち、たとえば軽い知的障害があることに本人も周囲も気がつかず、理解することができない授業を受け続け「生きる力」を身につけられなかった子どもたちが、特別支援教育的なアプローチと出会い「生きる力」を高めることができたという例があります。何らかの事情により不登校状態になっていた子どもが、特別支援教育的な「本人の能力に応じた指導」を受けることによって学校に通えるようになったというような例もあります。

　特別支援教育とは異なりますが、最近では一人一人の状況に応じて指導形態を工夫した普通高校が増え始めました。東京では「チャレンジスクール」、「エンカレッジスクール」などの通称で呼ばれ、千葉では「アクティブスクール」と名づけられています。これらの高校で行われている教育は「支援教育」などとも呼ばれるようになっています。

　また、児童生徒が数十名いる通常学級の中で、特別支援教育の視点を取り入れた「わかりやすい」授業を展開し、支援の必要性の有無にかかわらずすべての子どもたちの学力がアップしたという例があります。このような教育は「ユニバーサルデザイン教育」または「ユニバーサル授業」と呼ばれ、各地で実践研究が進められています。

　もうおわかりでしょう。このような特別支援教育の手法は現在、特別支援学校の子どもたちのみならず、すべての子どもに有効な教育手段になりつつあるのです。本書を読まれているあなたも、その手法を学ぶことにより、子どもの教育にかかわる者（教員、支援員、それらを目指す方々）としての力量が格段に

アップすることは間違いないと信じています。すべての子どもたちに、その子に応じた「生きる力」をぜひ入力してあげてください。

3 特別支援学校

Episode 4　　　「ヨシカズ君のお父さんの涙」

　保護者と教員の懇談会(1)がありました。特に今回は、卒業式を前にして普段あまり交流のなかった「お父さん」たちと教員が、杯を交わしながら思いを語り合うという貴重な機会（まあ簡単にいえば「飲み会」なのですが……）でした。
　高等部3年生のヨシカズ君のお父さんと担任のタナカ先生は、ともにアルコールに目がなく、差し向かいでコップ酒をあおっていました。そろそろ定年を迎えると自己紹介していたお父さんは、顔を真っ赤にしてうつろな目でタナカ先生にぼそぼそと小声でつぶやき始めました。
　「俺はね、先生、この学校の入学式の朝にさ、息子と死のうと思ったんだ」。突然の告白にタナカ先生の酔いはいっぺんにさめてしまいました。「ど、どういうことです？」。
　「中学校の担任から、お宅のお子さんは特別支援学校が適していると思いますよ、なんていわれてね。そのときはなーんにも知らなかったもんだから、ああ、もう終わりだなあって。あんな学校に行ったら息子の人生もこれまでだなあって思ったんだよ」。お父さんはコップの縁をなめながらうつむき加減になおも話し続けます。
　「4月の川はまだ冷たくてなあ。息子の手をつかんでひざまで水に入ったとき、突然ヨシカズが泣き出したんだ。冷たいようって。それでようやく目が覚めた。ああ、俺はなんてバカなことを考えたんだろうって。でもね、特別支援学校に行くってことはよ、知識のない俺たちにとっては、あんたの息子はもうだめなんだよって言われたようなもんだったんだよ。世間の理解なんてまだまだその程度だったのさ」。いつの間にか周囲の父親や教員が彼の話に聞き入り、それまで喚声が響いていた座敷がしんと静まり返りました。
　「ウチはね、父子家庭なんだ。家内は息子がまだ小さい頃に死んじまった。それからさ、俺が母親の分も一生懸命あいつを育てたよ。そんな思いをしてまで、やっぱり特別支援学校なのかって」。そのとき、お父さんはガバッと顔を上げ、大粒の涙を流しながら手を伸ばし、座卓の対面にいたタナカ先生の腕を握りました。
　「でもな、先生。ヨシカズは立派になった。本当に立派になった。親父の目から見ても変わったのがよくわかる。学校や先生のおかげで小さな町工場だけれど

無事に就職も決まった。先生、ありがとうよ。そして本当に申し訳なかった。特別支援学校は最高だったよ。何も知らない俺がバカだった。許してくれ、先生」。

座敷のあちらこちらですすり泣く声が聞こえる中、小さな拍手が沸き起こり、ヨシカズ君のお父さんとタナカ先生はやがて拍手の輪に囲まれました。先生は、お父さんの手をしっかり握り締めながら、この仕事をやっていて本当に良かったと心から思ったのです。

タナカ先生には、その後ヨシカズ君から毎年、必ず年賀状が届きます。お父さんは無事に定年を迎え、息子の稼ぎで男二人、ときどき気ままな旅行にも出かけているようです。そんな文面を読むたび、先生はお父さんの涙を思い出し、そしてまた旅先で息子と歩くお父さんの笑顔も、まぶたに大きく浮かぶのでした。

(1) 保護者と教員の懇談会

小中学校でもよく行われる授業参観のあとの学級懇談会とは異なり、もっとざっくばらんな形で保護者と教員が食事会などを開くことがあります。特に障害があるお子さんのお父さんたちにも子育てに関心を持って欲しいとして特別支援学校がPTAと協力し「父親の会」「おやじの会」といった交流会を催している学校があります。

(1) 特別支援学校の目的

特別支援学校は2007年3月までは「養護学校」と呼ばれていました。正確には知的障害、肢体不自由、病弱の子どもたちを対象とした学校が「養護学校」、視覚障害がある子どもを対象にしたのが盲学校、聴覚障害がある子どもを対象としたのが聾学校です。

2007年4月に学校教育法が改正され、盲学校や聾学校を含め特別支援学校と呼ばれるようになったのですが、地域によっては「養護学校」の名称を残しているところもありますし、盲学校や聾学校は今も名称を変えていないところもあります。

何度か伝えてきましたが、学校教育法第72条では特別支援学校の目的を次

のように説明しています。

　「特別支援学校は、視覚障害者、聴覚障害者、知的障害者、肢体不自由者又は病弱者（身体虚弱者を含む。以下同じ）に対して、幼稚園、小学校、中学校又は高等学校に準ずる教育を施すとともに、障害による学習上又は生活上の困難を克服し自立を図るために必要な知識技能を授けることを目的とする」。

　ここにもあるように、特別支援学校には現在、視覚障害特別支援学校（盲学校）、聴覚障害特別支援学校（聾学校）、知的障害特別支援学校、肢体不自由特別支援学校、病弱特別支援学校の5種類があります。ただし、最近では併置型（1つの学校が2つ以上の障害種を対象とすること）の特別支援学校も増えています。児童生徒数が減っている視覚障害・聴覚障害・病弱教育の機能と児童生徒数が激増している知的障害教育の機能を併設する形が多いようです。

　2013年（平成25年）6月に文部科学省初等中等教育局特別支援教育課が発表した「特別支援教育資料」によれば、2012年度は国立、公立、私立合わせて全国に1059校の特別支援学校が設置されています。5つの障害種の中で最も多いのは知的障害の学校で、491校になりますが、知的障害を含めた複数の障害種を対象とした併置型の学校が191校あります。合わせれば682校となり、全体の約7割が知的障害を対象とした学校ということになります。これから特別支援学校（知的・肢体不自由・病弱）教員免許を取得して特別支援学校の教員になりたいと考えている皆さんの多くが、採用後には知的障害の学校で仕事をすることになるでしょう。

(2) 知的障害教育を行う特別支援学校

　そもそも本書は主に知的障害教育について解説する目的を有していますので、ここから先は知的障害教育を行う特別支援学校の様子についてのみ語ることにします。これ以降、「特別支援学校」と表記する場合は「知的障害がある子どもを対象とした特別支援学校」であるとご理解ください。

ヨシカズ君のお父さんのように、一昔前までは「養護学校」や特別支援学校に対して、偏見の目で見る方も少なくありませんでした。中で何が行われているのか、どんな人々がそこで勉強しているのかなど、情報が少ないせいもあって、誤解が先行してしまっていたのかもしれません。

　しかし、昨今では学校公開（オープンスクール）や地域貢献など「開かれた学校」であることを目指し、積極的に情報公開を進める特別支援学校が増え、内容がよく見えてきたこともあって誤解や偏見を持たれる方は減少しているのではないかと思います（地域により差はあると思いますが……）。

　むしろ、教育上、生活上の様々な課題を抱えたお子さん一人一人に応じた専門的な指導、支援が可能であることから、そのようなお子さんの就学先を決める際、地域の小中学校や高校よりも特別支援学校を選択する家庭が増えているようです。そのために全国の特別支援学校では児童生徒数が増えすぎて教室に収容しきれない「教室不足（児童生徒の過密化）」という現象が発生しています。

　千葉県教育委員会が2011（平成23）年3月に公開した「県立特別支援学校整備計画」では、2000年度（平成12年度）と比較して2010年度（平成22年度）には児童生徒数が1.4倍に増え、当時より1,521名も児童生徒数が増加していると記されています。同県の特別支援学校の児童生徒数が平均して200名前後だとしても、実に学校7校分以上の子どもが増えているわけです。そして2010年から2020年の間にはさらに2,000名程度の増加が見込まれているようです。

　もちろん千葉県では特別支援学校の新設や増改築で対応しようと努力していますが、児童生徒数が増加するスピードには追いつけず、やむを得ず図書室や会議室、子どもが生活訓練を学んでいた和室まで普通教室仕様に作り替え、ぎりぎりの対応をしているところがほとんどです。千葉県に限らず、一刻も早くこのような現状が打開されることを望んでやみません。

(3) 高等部だけの特別支援学校

　特別支援学校は、通常は小学生が通う小学部、同様に中学部、高等部の3学

部が設置されているところが多いのですが、中には小学部だけ、あるいは小学部と中学部だけ、または高等部だけが設置されている学校があります。特に高等部だけの学校は「高等特別支援学校」「高等学園」などの名称で、主に知的障害が軽度である生徒を対象に、作業学習を中心とした職業訓練的な学習に特化して卒後の就労を目指しているタイプの学校が増えてきています。

　一昔前までは特別支援学校への進学を嫌い、とにかく普通高校へお子さんを入れたい、と考える保護者の方が多かったのかもしれません。しかし昨今では高等部だけの特別支援学校卒業生の就職率が素晴らしく向上し、就職難の時代であることも反映してか、高校よりも特別支援学校をあえて選ぶ家庭が増えているようです。したがってこれらの学校では倍率も上昇し、普通高校へ入るよりも入学が難しく、そのための学習塾も開設されているほどです。

　逆に特別支援学校高等部の受験に失敗し、一般の高等学校に入学したという例も増えています。本来は特別支援学校の教育が必要な生徒が普通高校に行くわけですから、高校での特別支援教育のあり方についても対策が急がれます。

　このようにして様々な課題を残しながらも、特別支援学校がその存在意義を広く社会に理解され、重要性や必要性がようやく認められ始めた時代に入りつつあるのかもしれません。これからそこで働くことを目指す方を始め、すでにそこで働いている教職員にはよりいっそうの社会的使命感、責任感を自覚し、一人一人の能力を最大限に伸ばす教育を心掛けてもらいたいと願っています。

4　特別支援学校の子どもたち

Episode 5　「ミツヒロ君が書いた『え』」

　中学部のミツヒロ君には知的障害を伴う**自閉症**(1)があります。それでも日常のコミュニケーションはある程度可能で、トイレに行きたい、おなかが減ったなどそのときの気持ちを「トイレ」「ごはん」などといった単語で近くにいる教員に伝えることができていました。

　また体調の良い時には鼻歌を歌いながら笑顔を絶やさず、機嫌が悪いときには自分の手で頭をバンバンと叩く（いわゆる「**自傷行為**」(2)）など、喜怒哀楽がはっき

りしていて、教員にとってはある程度客観的に本人を理解することが可能なお子さんでした。

　年末が近づき、担任のマツダ先生はクラスの6名の子どもたちに「お世話になった人に年賀状を出そう」という授業を行うことにしました。1年の出来事を振り返りながら、一番お世話になった人（スクールバスの運転手さん、よく買い物学習をした近所のコンビニの店長さん、おじいちゃんやおばあちゃんなど）にお礼と新年のあいさつをしたためようというものです。

　クラスで1年の思い出を語り合い、年賀状を出す相手を決め、全員で年賀状を買いに行き、下書きをしてから清書をして、また全員でポストに出しに行くという一連の学習活動です。特別支援教育の世界では「生活単元学習」と呼んでいるものです。

　購入してきた年賀状に何を書くのか、下書きを考える時間になりました。ミツヒロ君は大好きなおじいちゃんに年賀状を出すことにしたのですが、この日は体調がいま一つのようで、なかなか下書き用紙に絵が描けません。マツダ先生は最初は優しく「こんな絵はどうかな？」「あれもいいねえ」などと彼の横で語りかけていたのですが、ミツヒロ君の手は動きません。

　思いあぐねたマツダ先生は少し厳しい口調で「絵を描くんだよ、ミツヒロ君！」と声を荒くしました。驚いたミツヒロ君がようやく手を動かし始めたので、マツダ先生は少し安心してほかの子どもの様子を見に行き、数分後に戻ってきて驚きました。ミツヒロ君は下書き用紙いっぱいに平仮名の「え」を大きく書いていたのです。思わずマツダ先生は「違うよ、ミツヒロ君。お絵かきだよ、お・え・か・き！」。

　ミツヒロ君は途端に泣き始め、バンバンと自分のこぶしで頭をたたき始めました。その瞬間、マツダ先生はようやく事情が飲み込め、申し訳ない気持ちで胸がいっぱいになりました。そう、ミツヒロ君は先生の指示どおり「え」を書いたのです。なのに怒られた。悔しい気持ちでいっぱいだったでしょう。

　「ごめんよ、先生が悪かった。君は一生懸命『え』を書いたんだよね。先生の説明がいけなかったんだ。本当にごめん」。マツダ先生は心から謝りましたが、ミツヒロ君の涙は止まりませんでした。マツダ先生は情けなさそうにうなだれながら、彼が怪我をしないように見守るしかありませんでした……。

(1) 自閉症
　難しい診断基準があり、医師が下す障害名のひとつです。その名前からは「自ら閉じこもっている」と勘違いされがちですが、100人いれば100通りあるのが自閉症の症状で、大まかにまとめれば「対人関係の障害」（人と人との関係を構築することが難しい）、「コミュニケーションの障害」（言葉がなかったり特徴的な話し方をしたりする）、「行動の障害」（こだわりやパニックといった周囲には理解されづらい独特の行動をする）の3つが主な症状であるといえます。

(2) 自傷行為
　自閉症の方によく見られる「自分自身を傷つける」行為です。触覚が発達しておらず痛くないからという説や自らに痛みを与えてストレス発散をしている、など様々な説がありますが、何が真実なのかはまだ解明されていないようです。おそらくその人なりの事情や理由があってのことかもしれません。頭を叩いたり傷口に指を入れたりというような行為が特別支援学校の子どもたちにはよく見られました。

(1) 知的障害がある子どもたち

　恥を忍んで言えば、マツダ先生のモデルは筆者自身です。子どもが紙に書いた「え」を見て、ふざけているのかと思い、厳しく叱責したのですが、すぐに自分が100％悪かったことに気がつきました。しかし後悔先に立たず。本当にあの子には悪いことをしました。今でもあのときのことを思い出すと胸が苦しくなります。

　知的障害の原因は様々です。ダウン症などの染色体異常や周生期（妊娠から出産にかかる時期）での胎児への何らかの刺激（妊婦の病気、服薬、異常分娩、外界からの衝撃など）による脳機能障害によるもの、あるいは成長して以降の病気発症や事故等による脳損傷など。遺伝によるものもあるようです。しかし、これらは原因がはっきりしているケースの方が少なく、知的障害の多くは原因不明です。自閉症のお子さんが知的障害を伴う場合があることの原因もよくわかってはいません。学校教育法施行令第22条の3には、特別支援学校に該当する知的障害の程度が記されています。

　「1. 知的発達の遅滞があり、他人との意思疎通が困難で日常生活を営むのに頻繁に援助を必要とする程度のもの」「2. 知的発達の遅滞の程度が前号に掲げる程度に達しないもののうち、社会生活への適応が著しく困難なもの」

ここには具体的にたとえばIQ（知能指数）がこれくらいのものというような表現はありません。福祉の世界では主にIQが70に届かないお子さんだと知的障害者の手帳（療育手帳）を交付されることがありますが、教育法では知的障害について具体的な数字などの説明はされていません。
　ちなみにこの条文には他の4つの障害種の特別支援学校についても対象とするお子さんの基準（就学基準）が明記されていますが、視覚障害や聴覚障害については「両眼の視力がおおむね0.3未満のもの」「両耳の聴力レベルがおおむね60デシベル以上のもの」など、知的障害よりはやや具体的に基準が定められています。

(2) 知的障害がある子どもの就学・進学

　この基準に従い、今までの教育界では一般的に「障害が軽い子は小中学校の特別支援学級」「障害の重い子は特別支援学校」と考えられていたように思います。しかし、就学基準に客観的な目当てがない以上、何をもって知的障害が「軽い」「重い」というのか、判断に迷うところです。そこで各市町村教育委員会に設置されている「就学指導委員会」が保護者の意見も参考にしながら様々な観点より検討し、専門家の意見も取り入れ、最終的に子どもが特別支援学校へ行ったほうがよいのか、小中学校へ通うべきかを決定していました（学校教育法施行令第5条）。
　2013（平成25）年8月にはこの学校教育法施行令の一部が改正され、簡単に言えば「障害の軽重などよりも、子ども本人や保護者の意見を踏まえながら、就学先は総合的に判断する」ことになりました。
　特別支援教育への理解が高まり、最近では積極的に特別支援学校を希望するご家庭が増えているようです。そのための「教室不足」や「高等部不合格者の高校入学」などの教育問題が発生していますが、長年特別支援学校にかかわってきた方々はその存在意義が高まったことに喜びを感じているでしょう。
　だからこそ教員は保護者が特別支援学校を選んでくれたことに誠意を持って応えていくため、また「子どもを特別支援学校に入れて本当によかった」と感

じてもらうためにも、教育内容をよりいっそう充実させていかなければならないと考えます。

(3) 様々な知的障害

　国立特別支援教育総合研究所の 2010 年（平成 22 年）6 月の資料によれば、全国の知的障害特別支援学校小学部に在籍する子どものうち 47.4％が知的障害を伴う自閉症であり、中学部でも 41.4％となっていました。また、文部科学省の特別支援教育資料（2012 年度）では同じく重複障害学級の設置率が小中学部で 31.9％となっていて、特別支援学校にいる児童生徒のほとんどが知的障害を伴う自閉症か重度重複障害児のいずれかであることが理解できます。

　高等部については、小中学校のように特別支援学級を置いている高等学校がいまだに国内にはないようですので（学校教育法第 81 条の 2 では「小学校、中学校、高等学校及び中等教育学校には（中略）特別支援学級を置くことができる」と規定されているのですが）、それまで特別支援学級で過ごしていた子どもたちが特別支援学校の高等部に集中するようになり、軽度知的障害の生徒が多くなってきます。

　小中学部にはミツヒロ君のようにコミュニケーションに困難性がある児童生徒がたくさんいます。そんな彼らの一挙手一投足を見つめ、今何を考えているのだろう、何を訴えようとしているのだろうと気づくことができる、そんな教員が特別支援学校に増ることを願っています。

5. 特別支援学校の教職員

Episode 6　「カツタ先生のおにいさん」

　緑の森特別支援学校小学部に配属された**初任**⁽¹⁾のカツタ先生はがっしりとした体格の、いかにも体育会系の男性で、着任してからあっという間に子どもたちの人気ものになりました。女性の太ももほどもあるでしょうか、たくましい二の腕に小学部の子どもたちを何人もぶら下げ、豪快な笑い声を上げながら廊下を歩く姿は圧巻でした。

　初めての教員生活でしたが、ベテランの先輩方から丁寧なアドバイスを受け、カツタ先生もわからないことはすぐに周囲に質問したり相談したりしていたので、忙しいながらも順調な日々を過ごしていました。

　しかし、秋口になり、真夏の太陽のように輝いていた笑顔が、少しずつ曇る日が多くなってきました。子どもたちの家庭の問題や授業方法などで常日頃からカツタ先生の相談を受けることが多かったコーディネーターのツノダ先生は、元気のない彼の姿が気になり、ある日、放課後の教室を訪れました。

　教室の窓から、校庭の向こうに茜色に広がる夕空を眺め、彼は静かに話し出しました。「先生、知的障害がある人の幸せって何なのでしょうか？」。二人は子ども用の椅子に座り、机をはさんで向き合いました。「ぼくの兄は知的障害がある自閉症なんです」。ツノダ先生は何を語ることもなく、微笑みながら彼の話に聞き入りました。

　「小さい頃から兄と一緒に暮らしてきました。兄のことが大好きだし、これからも兄のために何でもしてあげたいと心に決めています。この道に進むことにしたのも、兄がいたからです。でも、自宅と**福祉施設**⁽²⁾を往復しながら兄は変化のない日々を過ごしています。特に大きな目標もなく、**障害者年金**⁽³⁾をもらっても使い道がよくわからないようです」。カツタ先生は壁に貼ってある子どもたちの絵を見つめていました。そこには紙いっぱいに大きく広がる笑顔の自画像が何枚も貼ってありました。

　「先生、ボクは子どもたちと毎日楽しく過ごし、いろいろなことを教え、教えられてきました。そして子どもたちは『できること』がたくさん増え、保護者の皆さんも喜んでくれているようです。でも先生、この子たちは大きくなったら幸せになれるのでしょうか。兄を見ていると、とても幸せな人生を歩んでいる風には見えないのです。最近はそんなことを考えるようになってしまって……。ダメですね、ボクは」。カツタ先生は、大きな身体を縮め、うなだれてしまいました。

　ツノダ先生はようやく一言だけ伝えました。「キミにとって幸せとはどんなこと？」。

カツタ先生は天井を見上げながら考え込みました。「おいしいものを食べること？　行きたいところへ旅に出ること？　好きなスポーツに打ち込むこと……？」。
　「幸せの基準は人それぞれだよね。ではお兄さんの幸せって何なのだろう？」「兄の幸せ……」。カツタ先生はそっと目をつぶり、何かを考え始めたようです。
　「人には生きている間に何度か、大きな幸せの瞬間、たとえば就職が決まったとか、結婚するとか、まれに宝くじに当たったとか、そんな経験をするよね。でも、どちらかといえばそんなことよりも、君が言ったように、週末にはどこへ買い物に行こうか、あのマンガが読みたいな、今夜のテレビ番組が楽しみだな、なんて小さな幸せを目指して生活することのほうが多くないかい？」。カツタ先生を目を開き、ツノダ先生を見つめました。
　「お兄さんの小さな幸せを一緒に見つけてあげる毎日に、君がそっと寄り添っていればいいんじゃないのかな。お兄さんが食べたいものを一緒にコンビニに買いに行ったり、くだらない（？）テレビ番組を見て笑い声を上げたり。子どもたちも同じだよ。毎日、君と思いっきり遊ぶことが彼らの小さな幸せなんだよ。そんな経験を積み重ねていけば、大人になって社会に出てからも小さな幸せを追い求めて、生きているって楽しいなあ、生まれて来て良かったなあ、と感じるかもしれないよ。お兄さんはこんなに心優しい弟さんと一緒に生活できるだけできっと幸せだと思っているよ」。

　カツタ先生は突然、ワーンと大声を上げて泣き出し、ツノダ先生に抱きつきました。不意を突かれたツノダ先生は驚いてよろけてしまいましたが、自分より大きなカツタ先生の背中に手を回し、まるで小さな子どもをあやすように静かになでてあげました。
　カツタ先生が翌日から、またその二の腕に子どもたちを何人もぶら下げ、ワハハハと笑いながら校庭を駆け回るようになったことは、言うまでもありません。

(1) 初任

　採用1年目の教員を学校現場ではそう呼びます。初任の教員には1年間の初任者研修が義務づけられていて、学校の内外で数十日程度の研修を行います。今では2年目、3年目まで初任者研修は続けられます。

(2) 福祉施設
　今まで児童養護施設や障害児入所施設、その他の障害者施設について説明してきましたが、高齢者施設などを含め社会ではそれらを「福祉施設」と総称します。
(3) 障害者年金
　自治体により、また障害の程度によりその額は様々ですが、20歳を超えると月に一定の額の年金を支給されることを言います。就職して働き比較的高い収入を得ていたり、また障害が軽かったりすると減額されたりもらえなかったりします。これ以外に20歳未満でもらえる障害児手当てなどの公的な給付金制度がある自治体もたくさんあります。

(1) 校長・副校長・教頭

　小中学校と同じように、特別支援学校には校長がいます。そして副校長（今も「教頭」と呼ぶ地域があります。教頭の上位に副校長を置くところもあります）がいます。校長・副校長・教頭の三種類が学校の管理職です。場合によっては副校長や教頭が2名以上いる学校もあります。前述したように特別支援学校の児童生徒数が増え、それに伴い教職員数も増えたため、管理職も複数必要になることがあるのです。

　民間企業や官公庁などでは係長や課長、部長といったように管理職がたくさんいて、社長などのトップを頂点とするピラミッド型の人事構成になっていますが、学校で管理職と呼べるのはこの三種類だけです。大きな都道府県立等の特別支援学校だとこれとは別に事務部の責任者として事務長（事務主幹）といった管理職がいる場合もあります。

　しかし、年々学校の仕事が忙しくなるにつれて、管理する内容が膨大になってきたため、管理職以外に教員の指導的な立場として主幹教諭、指導教諭などという役職も作られ始めています。彼らは管理職ではありませんが、校長や副校長の職務の一部を手伝うなど、重要な職責を担っています。

(2) 教諭・講師

　教員採用試験に合格し、正式に採用されると教諭と呼ばれる教員になります。管理職以外はベテランでも若手でも、すべて教諭です。養護教諭（保健の先生）もいます。

正規ではなく臨時に採用される教員は講師と呼ばれます。講師にはいろいろな形があり、病気や出産、子育てで休んでいる先生の代わりに入る講師や、そもそも教員の数が足りず、穴埋めをするために雇用される講師もいます。出張する先生の代わりに補充される講師、時間単位で入る講師もいて、その形態は複雑ですが、どの講師にも教員免許の所持が条件づけられています。ただし、特別支援学校の免許がなくても良い場合があります（小中高校の教員免許を基礎免許と呼び、基礎免許だけでも特別支援学校の講師になれるということです）。

　教諭である教員の中から教務主任（ところによっては総務主任）と呼ばれる現場教員のリーダー的な存在（教育課程の編成など事務的な作業が主です）や小中学部、高等部を束ねる学部主事、その中の学年集団を束ねる学年主任、ほかに生徒指導主任、進路指導主任、特別支援教育コーディネーターなどの役割を任せられる場合もあります。

　彼らはやはり管理職ではありませんが、教員集団をまとめる大切な職務を校長から命じられるわけですから、それなりに経験や技術、人望などがある教員が指名されることが多いようです。教員になることを目指し本書を読まれている方は、採用されてすぐにこのような職に指名されることはまずありませんからご安心ください。ちなみにこのような教員の職務については学校教育法第37条、または学校教育法施行規則第43から47条にかけて詳しく述べられています。参考にしてください。

(3) 学級担任

　小中学校同様に、特別支援学校にも学級があり、それぞれに学級担任がいます。ただ小中学校と少し異なるのは、特別支援学校ではほとんどの学級に担任が複数配置されていることです。多くの場合、正規の学級担任が1名とサブ（副）的な学級担任が1名から2名います。

　ちなみに特別支援学校の1学級の定員は小中学部では6名で1クラス、高等部では8名1クラスとなっていますが、重度重複学級の場合はいずれも1学級3名になっています。小中学校が1クラス40名までとなっていて、多くの場

合、学級担任は1名ですから、特別支援学校の手厚さが良く理解できると思います。この辺りの取り決めは学校教育法施行規則や公立義務教育諸学校の学級編制及び教職員定数の標準に関する法律などに明記されています。

(4) 教員免許

さて、教員免許について少し解説しましょう。特別支援学校の教員免許には現在、「知的障害・肢体不自由・病弱（略して「知肢病」）」、「視覚障害」、「聴覚障害」の3種類があります。それぞれ受講する単位の内容が異なります。そしてそれぞれが取得する単位数によって一種、二種、専修に分かれています。専修免許は大学院で学ぶことが条件です。

ただし、特別支援学校の免許を取るには、基礎免許と呼ばれる幼稚園、小中学校や高校の教員免許を取る必要があります。すなわち、特別支援学校免許はその名のとおり「特別」なものであり、基礎免許を持っていてさらにこの分野を学びたい人にしか取れないものなのです。

特別支援学校枠で教員採用試験を受験する場合、特別支援学校の教員免許はもちろん必要なのですが、例外的に受験時には同免許を取得していなくてもよい、という場合があります。「採用後数年以内に必ず取得してくれるなら今は免許はいりません」という条件を付けている都道府県があるのです。

免許を持たずにそういう自治体に採用された方は、採用後に都道府県の教育委員会や大学が主催することが多い「認定講習」と呼ばれる二種免許取得のための講習会を夏季休業中などに受講し、何年かかけて必要単位を修得して、二種免許の交付を受けます。あるいは、通信教育課程を設置している大学等で学び、免許を取得する場合もあります。

もし、今、本書を読んでいて、小中学校の教員免許しかないけれど、すぐにでも特別支援学校で働きたいから教員採用試験を受けたいと思った方は、前述のような都道府県を探してみてください。しかし話は矛盾しますが、特別支援学校を愛する一人としては、ぜひすべての地域で、大学等で専門的な指導を受け、特別支援学校の教員免許を所持している（あるいは卒業時までに取得予定の）

方を優先的に採用していただきたいと願っています。

(5) 本当に免許がなくてもいいの？

　2013年（平成25年）5月に文部科学省特別支援教育課から出された「平成24年度特別支援学校教員の特別支援学校教諭等免許状保有状況等調査結果の概要」という長い名前の報告文書があります。要約すると、特別支援学校にはどれくらいの割合で特別支援学校の教員免許を持っている教員が勤務しているのかといった調査報告です。なんだかおかしな話ですね。小中学校や高校で、免許のない先生が働いていたらこれはちょっとした問題になるでしょう。でも、このような調査が行われるくらい、特別支援学校には該当する免許を持たない教員がまだまだ多いということなのです。

　この調査によれば、知的障害がある子どもの特別支援学校にいる教員で、その免許を持っているものは全国で73.7%となっています。職員の4人に1人は免許を持っていない、ということがわかります。また、勤務している特別支援学校に該当する免許を持っている教員の割合（たとえば盲学校なら視覚障害の免許を持っているということ）について見てみると、都道府県別では高いところでは92.3%（秋田県）、低いところで50.1%（沖縄県）となっていますが、いずれにせよ100%ではありません。特に東京が57.3%、大阪が55.4%と、都市部が低い点も気になります。

　「免許がなくても働ける」ということは世間ではひょっとしたら「誰にでもできる仕事」と思われているからなのかもしれません。そんなことは決してありません。障害のある子どもたちの人生を支えるため「生きる力」を授ける仕事は、決して知識のない方にはできないと思っています。「誰にでもできる」と思われているとしたら、それはそこで学ぶ子どもたちに対して、とても失礼なことです。

　またとても残念な話ですが、特別支援学校の免許を持たず、小中学校や高校の教員採用枠で合格した教員を「経験を積んで欲しい」として特別支援学校に配属する教育委員会があります。また「人事交流」という名目で、免許のない

教員を小中学校等から特別支援学校に「経験のため」異動させるケースも実際にあります。免許を持っていない先生から教わる子どもたちの「教育を受ける権利」は考えていただけているのでしょうか？

そんなことはもう絶対にやめてくださいと声を大にして訴えたいところです。特別支援学校の教職員という仕事は、むしろ通常学校よりも専門性が必要であり、そこで働く人間には崇高な人権意識と総合的な人間力、教師力が必要です。本書を読み「絶対に特別支援学校で働きたい！」と「夢」を持ち、たくさんのことを勉強してその「夢」を実現しようとする人々が大勢出てきてくれることを願っています。

(6) 教員以外の職種

ここまでは主に「教員」（教師）と呼ばれる人たちについて説明してきましたが、それ以外の職員の方も多く勤務されています。学校全体の事務を担う事務職員、学校施設・設備の日常の管理を主に行う学校技能員（昔は「用務員」と呼ばれていました）、スクールバスの運転手（運転技師）、障害のある子どもの生活をサポートする実習助手・介助員・支援員などと呼ばれる様々な方が特別支援学校では働いています。

すべての人々が協力し、連携し、子どもたち一人一人の人生を豊かにするためにチーム一丸となって全身全霊で働いている。カツタ先生のように、先輩の支えを受けながら子どもの教育に全力を注いでいる。それが特別支援学校の教職員であることを知っていただければ幸いです。

6 特別支援学校の一日

Episode 7 「マサオ君の小さな旅」

　五月晴れの青空が広がる朝でした。若手のホープ、ニイジマ先生は、いつものように登校する子どもたちを乗せてくるスクールバスの到着を待っていました。緑の森特別支援学校では３台の大型スクールバスが、学区内を回り、子どもたちを迎えに行ったり送って行ったりします。

　そして、バスを利用する以外にも、社会生活訓練の一環として、鉄道や路線バスで登下校する子どもたちもいます。この学校では「自力登下校」と呼んでいます。いつもスクールバスが到着する頃には近くのバス停から歩いて登校し、スクールバスが下校する子どもを乗せて出発する頃には「自力登下校」組も校門を出て行きます。

　しかし、ニイジマ先生のクラスにいる「自力登下校」組のマサオ君は、その朝、いつまでたっても登校してきませんでした。マサオ君は４月に中学部から高等部へ入学したばかりなのですが、うまく言葉を話すことができず、ひらがなや数字がようやく読める程度のお子さんでした。それでもお母さんが「将来は社会に出て働いて欲しい。そのためにも高等部に入ったら電車で通わせたい」と強く望んでいて、率直に言えばニイジマ先生は少し心配だったものの、２週間ほどみっちりと電車やバスに乗る練習をし、５月の連休前から一人で通い始めたのです。

　ニイジマ先生は急いで**生徒指導主任**(1)のヤマウチ先生に連絡しました。「自力登下校」の生徒が行方不明になることは、本当はあってはいけないのですが、特別支援学校では決して珍しいことでもなく、ヤマウチ先生はすぐに「捜索マニュアル」を取り出し、あちらこちらの駅やバスターミナルに電話をかけ始めました。

　１時間後、かなり遠くの駅でマサオ君が保護されていることがわかりました。ヤマウチ先生は相手の駅員さんに丁重に礼を述べ、受話器を置きました。少し色の付いたメガネをかけ、口ひげを蓄えたこわもてのヤマウチ先生でしたが、心配そうな表情で電話の横に立っていたニイジマ先生に一言「見つかったよ」と声をかけ、にっこりと笑いました。

　ニイジマ先生は副校長先生の許可を得て、クラスをほかの先生に任せ、すぐに遠くの駅に車を走らせました。２時間もかけて到着したのは昼を少し過ぎた頃です。駅の執務室へ行くと、マサオ君がしょんぼりとベンチに座っている姿が目に入りました。そして、先生の姿を見つけたマサオ君は、あっという間に涙顔になり、先生にしがみついてきました。先生はもう、ほっとした安堵感とマサオ君の涙で胸が一杯になり、まだ小柄なその背中をぎゅっと抱きしめました。

　その光景をほほえましく見ていた駅員さんが教えてくれました。マサオ君は電

車のダイヤが少し乱れたせいで、いつも乗る電車と同じ時間に到着した行き先の違う電車に乗り込み、車窓の様子が異なることに不安を募らせながらも終点までやってきて、ホームにいた駅員に学校の**生徒手帳**(2)を黙って見せたそうです。それだけで駅員はすべてを察し、保護したところへヤマウチ先生からの電話がかかってきたということでした。
　「自力登下校」組の生徒には、何か予期せぬ事態、たとえば電車やバスの事故に巻き込まれたり急に体調が悪くなったり、あるいは不審者と思われるような人に声をかけられたりしたら、駅員さんやバスの運転手さんに、すぐに生徒手帳を見せるよう指導していました。手帳の裏には学校の電話番号が大きく書かれていて、その横には「申し訳ありませんが、こちらの番号までお電話をいただけますでしょうか」というメッセージが記されています。
　マサオ君は、その教えを忠実に守り、大きな不安に押しつぶされそうになりながらも見知らぬ駅で、即座に生徒手帳を差し出したのです。ニイジマ先生は必死に涙を堪えながら「よく頑張ったね。えらいぞ」とマサオ君の頭を何度もなでました。ようやく落ち着いてきたマサオ君は、ちょっぴり照れながらも、うれしそうに涙を拭いていました。
　マサオ君は、迎えに来たお母さんと一緒に電車で帰りました。お母さんは何度も何度も、駅員さんやニイジマ先生に頭を下げていました。先生は学校に戻る車の中で考えました。「この子たちにとって、社会に出るというのは本当に大変なことだ。私たちにとってはなんでもないことでも、彼らには大きな壁になってしまう。彼らの中に『生きる力』を育てることも大切だけれど、駅員さんのように彼らを理解してくれる人がこの社会にももっともっと増えて欲しい。彼らにとって『生きる』ってことは本当に大変なんだなあ」。
　先生は、信号が青に変わった交差点で、アクセルを踏み込み車を発進させました。その軽快なエンジン音は「よし、あの子たちと一緒にまたがんばるぞ！」と改めて心に誓った彼の背中を押してくれているようでした。

6．特別支援学校の一日

(1) 生徒指導主任

　小中学校と同じように特別支援学校にも生徒指導部のチーフである生徒指導主任や同じく進路指導部のチーフである進路指導主事といった仕事をする教員がいます。学級担任などとは違った校内の係の分掌を校務分掌と呼び、すべての教員がひとり2役、3役、学校によってはそれ以上の役を割り振られることもあります。

　特別支援学校の生徒指導主任は小中学校や高校のように児童生徒の生活行動面を監督するというよりも、「自力登下校」など社会とのかかわりの中でそのルールやマナーを教える側面が強い仕事です。ただ最近の特別支援学校高等部等では高校と同様に飲酒・喫煙・男女交際といった行動面での指導傾向が多くなっているようです。

(2) 生徒手帳

　通常の学校と同じように生徒手帳のある学校もありますが、エピソードのように児童生徒が地域社会の中で何らかの不測の事態に巻き込まれたときに「ヘルプサイン」的に使われるものとして何らかのメッセージ入りのカードなどを持ち歩かせている学校が多くあるようです。道に迷った、交通機関の利用方法がわからないなどの場合にそれを周囲の方に見せて支援をお願いする目的があります。

(1) スクールバスと「自力登下校」

　学校によって時間はまちまちですが、多くの場合、子どもたちが登校する前に教員は朝の打合せを行います。その後、特別支援学校によってこれも千差万別ですが、おおむね午前9時前後にはスクールバスが到着したり、エピソードの中の「自力登下校」組のように公共交通機関を利用して子どもたちが登校したりするでしょう。高校生だけの高等特別支援学校などの場合はバスは配置されておらず、全員が自力で登下校するところも多いようです。

　スクールバスは教育委員会が配備している場合もあれば、最近では「業務委託」「業者委託」といって民間の事業者と教育委員会が契約し、観光バスなどを利用して運行を任せるところも多くなってきています。バスは公的なものだけれど、運転手だけ民間から派遣してもらうという例もあります。

　バスの種類も子どもの状態や地域性に応じて、車椅子を上げ下げできるリフト付きのものもあれば、狭い道が多いのでマイクロバスを運行させている、というところもあります。

　運転手のほかに、子どもの乗降や車内でのサポートを行う介助員などと呼ばれる職種の職員が乗車するところがほとんどではないでしょうか。場合によってはそのような職員が2名、3名乗車することもあります。

図1-1　公益財団法人コカ・コーラ教育・環境財団のコカ・コーラ復興支援基金で寄付された特別支援学校のスクールバス（日本コカ・コーラ株式会社のウェブサイト http://j.cocacola.co.jp/info/20110313_statement.html より）

　上の写真は公益財団法人コカ・コーラ教育・環境財団のコカコーラ復興支援基金から岩手県に寄付された特別支援学校のスクールバスです。東日本大震災の津波でスクールバスが流されてしまった学校があるようなので、このような支援はとてもありがたいです。

（2）朝の準備

　教員は、登校してきた子どもたちに朝の挨拶を投げかけ、さっそく外靴から上履きに履きかえる練習が必要なところから「特別な支援」を始めます。子どもが登校した時点から校内での特別支援教育は開始されるのです。その後、教室へ向かい、朝の必要な支度を済ませるのにも細かな配慮を続けます。カバンから連絡帳を出す、トイレへ行く、着替えをする、一緒に教室の掃除をするなどなど、そのすべてが知的障害教育における「日常生活の指導」という学習の場になります。

6．特別支援学校の一日　47

子どもの特性によって指導方法はまちまちです。特別支援学校の教員は、できる限り子どもたちが自分の力で生活に必要な所作に取り組めるようになることを願っています。したがって必要以上に手伝ったり、声をかけたりするようなことはしません。もちろんまだできないことがあれば十分に手を貸しますが、本人の能力に応じて、少しでも一人でできることを増やしたいと考えています。一人で着替えはできるけれど衣服のたたみ方やハンガーの利用方法がよくわからないといった子どもにはその方法を番号順で図解することによって示し、指や腕の動かし方を細かく指示しながら練習させます。男子のトイレトレーニングでは、小用の立ち便器の前でズボンとパンツをひざ下までおろしてしまう癖のある子に、前開きのファスナーから性器を出せるよう、何度も教えます。これがまさに特別支援教育のキーワードである「一人一人に応じた」指導なのです。

(3) 授業、給食、そして下校
　その後、朝の会、朝の運動、授業（生活単元学習、作業学習、国語・算数的学習など）を日課に位置づけ取り組む学校が多いと思われます。内容や順番などは学校が独自の教育課程の中で決めるものですので、本当に何とおりもの時間割があることになります。
　授業はクラス単位で行うものもあれば、学部単位、あるいは子どもの特性によるグループに分けて行うこともあります。たとえば、同じ高等部1年生でも、複数あるクラスの生徒を、基本的なコミュニケーション（会話や挨拶など）に重点を置くグループと接客業に必要なマナーを学ぶグループとに分け、同じ「自立活動」という学習時間にグループ別の授業を行うというような方法です。
　午前の授業が終われば給食になります。給食も「ただ食べればよい」わけではありません。食事の前の手洗い、食卓の準備、配膳、盛り付け、食事の仕方、後片付け、食後の歯磨きといった一連の活動はすべて「日常生活の指導」に位置づけられます。教員は食事だからといって気を抜いて食べていれば良いわけではなく、食事をしながらとなりに座る子どもの食べ方を指導したり、あ

るいは自分の食事は後回しにして重度重複障害がある子どもにゆっくり一口ずつ摂食指導（「噛む」「飲み込む」など食事を摂るのに必要な学習）を行う場合もあります。

　午後にはまた午前中と同様の学習を行うこともあれば、音楽や図工・美術、クラブ活動など文化的な学びの時間を時間割に位置づけるところも多いようです。そして14時半から15時くらいが下校の時間になるでしょうか。登校時と同じように着替えやトイレの指導を済ませ、帰りの会を始める前には学級担任が保護者向けの連絡帳にその日の子どもの様子を記入します。子どもはその連絡帳をカバンに入れ、帰りの会を終えてからスクールバスに乗り込んだり、自力で下校したりします。

　(4) 放課後
　中学部や高等部の生徒が「部活動」に取り組んでいる学校もあります。球技、陸上、文化的活動など、放課後の時間を有意義に過ごすため、教員が生徒と一緒に身体や手を動かします。

　たとえば「ボッチャ」という障害者スポーツがあるのをご存知ですか？　これはイギリスの障害者が考案したもので、わかりやすくいえば最近ではメジャーになりつつある冬のスポーツ「カーリング」を陸上に移したようなものです。2チームがコートの中の「ターゲットボール」めがけてボールを転がし、近い順に点数を獲得して勝敗を競うものです。

　これは障害があってもなくても楽しめて、また工夫によっては障害が重くても参加できるスポーツです。特別支援学校の部活動でこのスポーツを経験し、県の大会などを目指して練習し、あるいは夏のパラリンピックの公式競技にもなっているので「日本代表を目指す！」といったことも不可能ではありません。

　これ以外にも障害があっても取り組めるスポーツや通常のサッカー、ソフトボール、また調理を楽しんだり楽器演奏にチャレンジしたりするなど、様々な部活動が行われています。

詳細は後述しますが、最近では「放課後等デイサービス」という福祉事業者が車などで学校まで迎えに来て、子どもを事業所に移送し、夕方まで遊んだり勉強したりといったケアを行うケースが増えてきました。スクールバスに子どもを乗せず、事業者の迎えの車に子どもを乗せ、事業者とその子に関する情報交換を行う教員の姿も増えています。

　子どもが帰れば教員の仕事は終わり、なわけはありません！　子どもが帰った後の校内を掃除したり、翌日の授業の準備をしたり、職員会議などに参加したり、書類を作成したり、成績をつけたりなど、放課後の仕事は山のようにあります。運動会や文化祭が近ければ、その準備をする時間も必要になります。あるときは保護者の急な相談に乗ったり、自宅から行方不明になってしまった在校生を探したりする仕事が舞い込むこともあります。

　17時前後に勤務時間が終了する学校が多いと思いますが、すぐに帰宅できる日は少ないかもしれません。本来であれば勤務時間は守られるべきであり、心や体の健康を維持するためにも働きすぎは決してよくはないのですが、先にも述べたように、教員の仕事の範疇は年々広がっています。

　特別支援学校に限った話ではないかもしれませんが、日々を子どもたちのためにベストを尽くし、頑張って働いている教職員の心や身体を十分に守ることができる、適正な勤務形態が保障されることを願って止みません。

Chapter 2 特別支援学校の教育

1 学習指導要領と教育課程

Episode 8 「サカガミ先生の質問」

「副校長先生、障害が重い子どもたちの『生きる力』って何ですか？」。
　緑の森特別支援学校は**夏季休業**(1)(いわゆる「夏休み」)に入っていました。今日は校内で初任者の研修会が行われています。
　校内はうだるような暑さですが、教育委員会から強く「節電」するように通知されているため、子どもがいない期間はできるだけ冷房をつけないというのが鉄則です。それでも初任の先生たちはしっかりスーツ姿に着替え、会議室に集まり、汗だくになりながらも一生懸命、副校長先生の話に耳を傾けていました。
　しかし、暑さに弱いハセガワ副校長先生は額の汗をぬぐいながら「いやあ、もうだめだ。クーラー入れようよ！」と叫んでスイッチを押しました。参加者は静かににっこりとうなずきましたが、みんな心の中で「よっしゃー！」と叫んでいたに違いありません（！）。
　室内に涼気が広がり、副校長先生の弁も軽やかになってきました。2012年度から小学校、中学校、高校と順に完全実施されていく新しい学習指導要領について解説し、日本の教育における最大目標の「生きる力」について説明し終えたとき、冒頭の質問が初任のサカガミ先生から出されたのです。
　彼女は小学部の**重度・重複障害学級**(2)の担任ですが、その笑顔が子どもたちにとってはなんとも心地よいようで、まるでお母さんに抱かれているかのように、安心して彼女の腕の中で給食を食べたり、絵本を読んでもらったりしていました。そんな彼女が冒頭の質問を副校長先生に投げかけたのです。
　「あなたはどう考えているの？」と副校長先生は聞き返しました。「『生きる力』は『確かな学力』『豊かな心』『健やかな体』により形成されるって副校長先生はおっしゃいました。でも、うちのクラスの子どもたちの学力って何なんですか。

意思の疎通も難しい彼らの『豊かな心』ってどうやれば理解できるのでしょう。障害が重いのに『健やかな体』なんですか？」。

　サカガミ先生はとても子ども思いです。そしてその家庭、保護者が直面している日々の苦労や困難にも共感し、障害が重くても「生まれてきてよかった」「お母さん、生んでくれてありがとう」と子どもが思えるような教育をしたい、「生きるって素晴らしいなあ」と感じてくれたら……、と常日頃から考えています。でも、そんな子どもたちの成長を実感できず、自分は特別支援学校の教員として適性があるのだろうか、自分がやっていることは間違っているのではないだろうか、と悩んでいました。

　副校長先生は彼女に静かな口調で問いかけました。「あなたのクラスのユウジ君について紹介してくれる？」。唐突な質問に一瞬戸惑った表情をしたサカガミ先生でしたが、そこは子どもが大好きですので、すぐ笑顔になって話し出しました。

　「1年生のユウジ君は入学当初、**きざみ食**(3)しか食べられなかったんですが、だんだん噛む力が強くなってきて、今では少しずつ固形物を摂れるようになってきたんです。表情を変えることも少なかったのですが、最近では目の前で私が歌うと笑ってくれるようになりました。2学期になったら便器に座っておしっこをする練習を始めようってお母さんと相談しているんです」。彼女はうれしそうにユウジ君の成長の様子を教えてくれました。

　「学力っていうのは国語や算数を学ぶ力ってことだけではないよ。今までできなかったことができるようになった。それは学んだからでしょう。だって人は学ばなければ何も変わらないよ。その人が良くも悪くも『変わった』ということは何かを学んだ証拠なんだ」。サカガミ先生ははっとしました。ほかの4名の初任者も息を呑んで副校長先生の発言に集中し始めました。

　「心っていうのは障害があろうとなかろうと見えないものだよ。だから教師は、その子どもの言葉や動き、表情などから心を想像しないといけない。ユウジ君に笑顔が増えたのは入学してからなのかい？」。「お母さんはそうおっしゃっていました」。

　「体幹がしっかりしていなかったから一人で椅子に座ることが難しかったのに、2学期には一人で便器に座る目標を立てるなんてすごいね。体も大きくなってきたの？」。「ハイ、1学期だけで体重が4キロも増えたんですよ。お母さんは『重くなって大変』って笑っていましたけど……」。

　「もう答えがわかったんじゃないのかな？」。全員が手元のノートに一心不乱にメモを取り始めました。今、副校長先生が話していることはとても重要なことだと気がついたからです。

　「障害が重いお子さんが、食事を噛めるようになった。これは彼にとって『学力の向上』に違いないよ。サカガミ先生が一生懸命指導したからできるようになったんだ。笑顔が増えたのもあなたが心を豊かに育てたからだ。体が大きくなって一

人で椅子に座れるようになったのも健康的な毎日を過ごしているからじゃないのかい。ユウジ君にとってまさに『確かな学力』『豊かな心』『健やかな体』をあなたは立派に育てているじゃないか」。サカガミ先生の大きな瞳が潤み始めました。

　「特別支援学校はね、特に知的障害がある子どもたちの特別支援学校ではね、一人一人、その成長のスピードが大きく異なっていて、比較的難しい勉強ができる子もいれば、食べたり飲んだりすることも一人では難しい子どももいる。だからその子たちの教育目標は一人一人まったく違ってくるんだ。でもね、どんな子どもでも成長して、今日を生きよう、明日を生きよう、未来を生きようって頑張っている。そのために必要な『生きる力』にも様々な形があるんだよ。この学校の教員として子どもたちの未来をいっしょに考えていこうと思っているなら、ぜひ固定観念に縛られず、目の前にいる子どもが今日を、明日を、未来を『生きる力』を育てていこう、と常に心の中で念じていて欲しいんだ」。5人の若い初任者は男性も女性も手にしたハンカチで、汗ではなく、今度は涙を拭き始めました。

　そんな様子を見ていて副校長先生は、なんだか自分まで胸が一杯になってしまって「じゃあ今日の研修会はこれで終わりね」と言い残してそそくさと教室を出てしまいました。

　たまたま廊下を通りかかった教務主任のムラタ先生は教室内の様子に気づき、目が合った副校長先生に「あーあ、泣かしちゃいましたね」と笑いかけ、ハセガワ先生はペロッと舌を出して酷暑の職員室へ早足で戻っていきました。

(1) 夏季休業

　子どもにとっては「夏休み」「冬休み」「春休み」ですが、正式にはそれぞれ「夏季休業」「年末年始休業」「年度末・年度初め休業」などと呼ばれます。昔は閉庁日などといって8月13日から15日は学校自体が休業になり校門が閉じているころもありましたが、今は「夏季休業」中でも土日祝日以外は毎日運営されています。そして教員研修や授業の準備、校内の整理などが行われています。

(2) 重度・重複障害学級

　重度・重複障害児とは、特別支援学校が対象としている5つの障害（視覚障害、聴覚障害、知的障害、肢体不自由または病弱）のうち、2つ以上の障害を併せ持っていたり、あるいは障害は1つだけれどその程度が極めて重度だったりする子どもたちが入る学級です。

　少し古いのですが1975（昭和50）年3月に当時の文部省が出した「重度・重複障害児に対する学校教育の在り方について（報告）」ではおおむね次のように説明されています。

「重度・重複障害児とは、学校教育法施行令第22条の3に規定する障害（視覚障害、聴覚障害、知的障害、肢体自由、病弱）を二つ以上併せ有する者のほかに、発達的側面からみて、『精神発達の遅れが著しく、ほとんど言語をもたず、自他の意思の交換及び環境への適応が著しく困難であって、日常生活において常時介護を必要とする程度の者』、行動的側面からみて、『破壊的行動、多動傾向、異常な習慣、自傷行為、自閉症その他の問題行動が著しく、常時介護を必要とする程度の者』をいう」。

　重度・重複障害児が入る重度・重複障害学級の学級定員は3名です。3名で1クラス、ということです。多くの場合、そこには2名以上の教員等が配置されます。
　しかし、具体的に「どの子どもが重度重複学級の対象になるべきなのか」といった判断は学校や都道府県教育委員会ごとに異なる場合があります。同じような重複障害児、重度障害児でも特別支援学校の中の普通学級（小中学部なら6名定員）でよいという学校があれば、重度重複障害学級が妥当であるとする学校もあります。特に知的障害は比較的軽度だけれど行動障害（自傷行為や他者を傷つける他害行為、パニックなど）が激しい自閉症児などの場合、判断が分かれるところでしょう。
　勘違いしやすいのは脳性まひの子どものように肢体不自由と知的障害がある子どもだけが重度・重複障害児ではないということです。知的障害はないけれど視覚障害と聴覚障害がある、病弱で知的障害があるという場合もその対象になります。

(3) きざみ食

　障害が重いと食べ物を自力で噛んだり、うまく飲み込めなかったりする子どもがいます。そのため給食前には調理員や教員が子どもの状態に応じて食事を包丁で刻んだり、ミキサーにかけたりして食べやすいようにします。口から食べ物をとることが難しい場合は、鼻から、あるいはおなかに開けた「胃ろう」という穴から直接体内にチューブを差し込み、専用の食材や水分を入れるといった食事方法もあります。ただしこの方法は医療的ケアと呼ばれ、実施する教員には厳しい条件が付されます。

(1) 学習指導要領

　学習指導要領とは、日本の小学校、中学校、中等教育学校（中高一貫教育の学校）、高校、特別支援学校で教える内容、いや「教えなければならない内容」を文部科学省が文書として明示しているものです。国公立や私立の学校のすべてに適用されるのですが、特に都道府県立、市町村立の学校では強制力を発揮します。

　学習指導要領は1951年（昭和26年）に初めて作成されました。それ以降おおむね10年ごとくらいに改訂が繰り返されてきています。教育の内容は社会の動きに大きな影響を受けるからです。たとえば20年前にはまだ珍しかった携帯電話が、今はスマートフォンなどという形になり、多くの小学生も利用す

る時代になっています。便利の裏側には副作用も隠され、ウェブサイトを利用した詐欺、いじめの問題など、負の部分への対応も急を要します。そこで20年前の学習指導要領にはなかった、そのような便利なものを失敗なく上手に活用する能力（情報活用能力）を育てるための情報教育が、昨今の学習指導要領では重視されています。

学習指導要領はその内容を確実に指導しなければなりません。学校教育法施行規則第25条（教育課程の基準）には「小学校の教育課程については（…中略…）教育課程の基準として文部科学大臣が別に公示する小学校学習指導要領によるものとする」と記述されています。小学校以外にも同様の条文があります。

各公立学校では、その学校の特性（歴史、背景など）、地域性、子どもたちの特性、時代、社会の動きなど様々な情報を総合し、国や自治体の教育方針を守りながら、学校長が4月初めにその年の教育目標を決め、その方針に従いながら子どもたちに何をどう教えていくか、といった教育課程を決定します。だから教育課程の内容自体は学校によりまちまちなのですが、その根幹となる子どもたちへの指導目標や国語や算数などの指導項目、指導方針は文部科学大臣が公示する学習指導要領に従わなければならないという法律があるのです。

教育基本法第4条「教育の機会均等」には次のように書かれています。

> 「すべて国民は、ひとしく、その能力に応じた教育を受ける機会を与えられなければならず、人種、信条、性別、社会的身分、経済的地位又は門地によって、教育上差別されない」。

日本人であればどのような生活をしていても、どこに住んでいても、全員が発達段階に応じた教育を受ける権利があるということです。たとえばある日突然沖縄県から北海道に転校が決まったとしても、教科書は異なるかもしれませんが、学ぶ内容は同じです。学習指導要領はこのように、教育の公平性を担う重要な役割を持っています。

(2) 教育課程

　教育課程とは「今年、この学校では子どもたちに何を目的にして、どういう内容をどういう方法で教えていくか。それをどういう順序（年間指導計画）で教えていくか」といった「子どもに教えるすべての事柄」を指す教育用語です。よく国語や算数などの教科を教えるためのものと誤解されがちですが、それだけではなく、生徒指導や進路指導、道徳や特別活動、学校行事の持ち方など教育活動全体を対象にした言葉です。

　各学校では4月に「（平成）◯◯年度教育課程」といった冊子を作りあげます。前年度から次年度にかけて「教育課程検討委員会」のような組織を校内に設置し、校長、副校長（教頭）、教務主任など主だったメンバーが定期的に話し合いを持ち、どういう学校にするため、どういう子どもたちを育てるため、何をどう配列し教えていくかといった話し合いを進めます。校長が考えている学校経営方針に従い、メンバーは意見を出し合います。そして最終的には校長が次年度の教育課程方針を決定します。

　4月初めの職員会議で、その方針が全教職員に示され、方針に従ってそれぞれの教職員が自分の役割や分担に従い、教育課程の具体的な内容、たとえば年間指導計画などを決めていきます。中学校2年生に国語を教える先生であれば、校長の決めた教育課程方針に従い、学習指導要領に示されている内容を遵守しながら、その学校の中学校2年生の生徒にどういった方法で教えていくのかを決めていきます。全体的に学力が芳しくないのであれば基礎的な内容を中心に、進学熱が高く全員が進んで学習する学校ならより高度な内容をという具合です。また進路指導主任であれば、1年間の進路指導方針や具体的な計画（職場体験実習の時期や進路説明会の日取りなど）を決めていきます。

　それを遅くとも4月中には決定し、校長は校内すべてのこまごまとした教育課程をまとめ、教育委員会に提出します。これは「今年はこういう学校にするためにこういう方法で子どもたちを教えます」といったいわば「公の契約書」でもあり、その内容と異なった指導、たとえば提出した教育課程に記述したのに実際には教えなかったというようなことがあれば問題視され、教育委員会か

ら指導される場合もあります。数年前に高等学校では学習指導要領において全員が学ばなければならないはずの世界史の授業を、教育課程には「教える」と書いてあったのに実際には教えていなかったという学校が多数見つかり、社会問題になったことがありました。

(3) 特別支援学校の学習指導要領と教育課程

　学習指導要領や教育課程の意味を理解していただけたでしょうか。さて、では特別支援学校の学習指導要領や教育課程はどうなっているのでしょう。

　もちろん小中学校等と同じように学習指導要領はありますし、それを参考にして学校ごとに特色ある教育課程を編成します。しかし、エピソードでも紹介しましたが、特に知的障害の特別支援学校では子どもたちの発達段階の差が大きく、小中学校のように小学2年生だから国語ではこの内容を、中学1年生だから数学ではこの内容をといった感じで学級集団すべてに同じ内容の指導を行うことは非常に難しいのです。特別支援学校の小学部1年生であっても、ひらがなが読めたり、足し算引き算の計算ができたりする子もいれば、ユウジ君のように食べる、座るなど基本的な動作を中心に学ぶ必要がある子もいます。そこで、特別支援学校の学習指導要領では「子どもの発達段階に応じて」といった面がとても重要になります。知的障害特別支援学校の学習指導要領には極めて抽象的にその辺りの目標が書かれています。たとえば小学部段階で教える国語の目標は学年に関係なく「日常生活に必要な国語を理解し、伝え合う力を養うとともに、それらを表現する能力と態度を育てる」という風に示されています。「伝え合う力」とはもちろん会話、言葉でも良いのですが、絵カードやボディランゲージ、あるいは視線を交わす挨拶程度でもよいので、コミュニケーションする力を本人の能力に合わせて高めていきましょうということになります。

(4) 柔軟性が必要な知的障害教育

　もうおわかりかもしれませんが、特別支援学校の学習指導要領は小中学校等と異なり、この年齢に必ずこの内容を教えなさいという強制力は弱く、とても

自由度が高くなっています。しかし、だからこそ逆にとてつもない難しさをはらんでいることにお気づきでしょうか。学習指導要領にはそれが次のように明記されています。

「知的障害者である児童又は生徒に対する教育を行う特別支援学校において、各教科の指導に当たっては、各教科（小学部においては各教科の各段階。以下この項において同じ。）に示す内容を基に、児童又は生徒の知的障害の状態や経験等に応じて、具体的に指導内容を設定するものとする。また、各教科、道徳、特別活動及び自立活動の全部又は一部を合わせて指導を行う場合には、各教科、道徳、特別活動及び自立活動に示す内容を基に、児童又は生徒の知的障害の状態や経験等に応じて、具体的に指導内容を設定するものとする」。

「知的障害の状態や経験等に応じて」各教科や道徳等の指導内容を「具体的に」設定する。つまり、「生きる力」を育てるため、今、目の前にいる子どもたちの発達段階をしっかりと把握した上で、最も適した指導内容を具体的に学校で考えて決めなさいということなのです。そのため、たとえば小学部（1年生から6年生まで）の学習指導要領では国語科について次のように目標が決められています。「日常生活に必要な国語を理解し、伝え合う力を養うとともに、それらを表現する能力と態度を育てる」。そして、教える内容については発達段階によって3つに分けられています。何年生だからこの漢字を覚えなければならない、など具体的なものはどこにも書かれていません。

「日常生活に必要な国語」は発達段階や障害特性によって子ども一人一人が大きく異なりますし、「伝え合う力」といっても別に言葉による会話のみを指しているわけでもありません。言葉が出ないユウジ君の「伝え合う力」とは何なのか、それを育てるためにはどのような教材を使い、どのように教えればよいのかをサカガミ先生は同僚と相談し、話し合いながら具体的に決めていかなければならないのです。

(5) 特別支援学校の教科書

　小中学校と同じように特別支援学校にも教科書が児童生徒には無償で配布されます。有名な日本国憲法第26条ですね。「義務教育は、これを無償とする」。教科書については文部科学省のウェブサイト「特別支援教育について」で次のように説明されています。

　　「特別支援学校では、小学校、中学校、高等学校と同じ教科書のほか、子どもの障害の状態に合わせて作成された教科書などを使っています。文部科学省が作成している教科書には、視覚障害者用の点字教科書、聴覚障害者用の言語指導や音楽の教科書、知的障害者用の国語、算数、音楽の教科書があります」。

　知的障害の特別支援学校小学部用に作成されている教科書は国語、算数、音楽の三種類です。そしてそのいずれもが教える対象や目的によっておおまかに三段階（算数は四段階）に分けられています。特別支援学校の教員はこれらの教科書を「ホシ（☆）本」と呼ぶことがあります。段階を星の数で表しているからです。☆ひとつが比較的基本的な内容中心で、☆3つになると文字の書き取りなども指導内容に含まれてきます。中学部にも国語、数学、音楽の教科書がありますが、いずれも一種類のみであり、星の数が4つになります。
　しかし、ユウジ君のように文字を書いたり言葉を話したりすることが難しい子どもも多くいます。そういう場合には、これらの教科書以外の本を教科書として使用することができます。日本の公立学校では学校教育法第34条第1項において「文部科学大臣の検定を経た教科用図書又は文部科学省が著作の名義を有する教科用図書を使用しなければならない」と明確に規定されています。これは一般的に「検定教科書」などと呼ばれています。
　しかし、同法の附則9条には例外的な規定として「高等学校、中等教育学校の後期課程及び特別支援学校並びに特別支援学級においては、当分の間、第34条第1項の規定にかかわらず、文部科学大臣の定めるところにより、第34

1．学習指導要領と教育課程

条第1項に規定する教科書以外の教育用図書を使用することができる」と書かれています。具体的には教育委員会が指定した絵本などの児童用図書の中から子ども一人一人の発達段階、興味・関心等に応じたものを教員が1冊ずつ探すといった方法によります。教科書になる児童用図書を特別支援教育の世界では昔の法律名を使い、今も「旧107条本」と呼んでいる教員がいます。

　高等部は義務教育ではありません。では高等学校と同様に高等部の教科書は有料になるのでしょうか。実はこれも無償になります。特別支援学校への就学奨励に関する法律というものがあり、その第2条には「高等部の教科用図書の購入費は都道府県が代弁する」と規定されています。この種の代弁される費用を教育界では「就学奨励費」と呼び、家庭の経済的な負担になる場合にはほかに給食費や通学費を都道府県が代弁するという決まりがあります。

(6) 学習指導要領・改訂のポイント

　2009年の学習指導要領改訂の基本方針は「生きる力をよりいっそう育む」ことが最大のポイントになっています。「生きる力」という言葉自体は前回の学習指導要領でも登場していたのですが、その方針をさらに徹底し、すべての子どもたちに本人の能力に応じた「生きる力」を今までよりもさらに充実して教えていくという考えです。

　特別支援学校では学習指導要領の改訂に次の4つのポイントが示されました。「障害の重度・重複化、多様化への対応」「一人一人に応じた指導の充実」「自立と社会参加に向けた職業教育の充実」「交流及び共同学習の推進」です。

　「障害の重度・重複化」とは特別支援学校に重度・重複障害の児童生徒が増えていることを指します。「多様化」とは小中学校の通常学級などにいる発達障害児のように、今までは注目されてこなかった新たな障害や病気が増えているということです。

　「一人一人に応じた指導の充実」とは、次の項目で詳しく説明しますが「個別の指導計画」「個別の教育支援計画」などの資料を作成、活用し、子ども一人一人の目標や指導方針をより明確にしていきましょうということです。

「自立と社会参加に向けた職業教育の充実」とは今まで行ってきた職業教育をさらに充実させるとともに、社会の変化に対応してたとえば高等部に介護者を養成する「福祉科」の設置を認めたり高等部単独の特別支援学校で流通・サービス業を目指すなど様々なタイプのコースを設置したりする方向性を示しています。

　「交流及び共同学習の推進」とは障害のある子とない子の交流機会を積極的に学校で設けていきなさいということです。合同で学校行事に取り組んだり授業をしたり、その具体的な形は学校ごとに工夫していくことになります。これから特別支援学校の教員を目指す皆さんは、上記のポイントをしっかり押さえ、口頭でも確実に説明できるようにしておいたほうがよいでしょう。

　これらのポイントに従い、一人一人に応じた「生きる力」を授けるために、極端かもしれませんが、特別支援学校では子ども一人一人に対し、それぞれ異なった教育計画が必要になるといっても過言ではありません。6名の子どもがいる学級であれば、6種類の教育課程が必要であると考えてよいでしょう。ただし、常に個別指導を行うわけにはいきませんから、たとえ集団指導の中でも一人一人異なる目標を達成できるような指導方法を心がけていくといった考え方が重要です。たとえば「緑の森少年自然の家に校外学習に出かけよう」という勉強（生活単元学習といいますが詳しくは後で）を小学部の5年生に教える際には、言葉での説明が難しい子にはスライドを使って絵で説明しながら、文字が書ける子には考えた目標をノートに書かせるといった指導を複数の教員で手分けしながら行うことになります。

　それぞれが同じ学習時間に同じ目標を目指しながら各々が異なる指導を受けることになります。その上で、全員が「緑の森少年自然の家に行ってあんな経験もしたいなあ、こんな経験もしたいなあ。ああ、早く行きたいなあ」という意欲を高めていけるよう、教員は教え方や教材を工夫していくことになります。通常学校では数十名いる児童生徒相手に教員がひとつの指導方法によって勉強を教えていくわけですから、特別支援学校の教育がそれらとはまったく異なるものであることをご理解いただけましたか？

2 個別の指導計画と個別の教育支援計画

Episode 9 「ソウジロウ君のストレス」

　緑の森特別支援学校に近い赤星小学校の教頭先生から、コーディネーターのツノダ先生に教育相談の依頼がありました。

　小学3年生のソウジロウ君は言葉よりも手が先に出てしまうタイプで、教室で納得がいかないことがあると、廊下を歩いている下級生を殴ったりけったりしてしまいます。担任の先生はそのたびに注意するのですが改善は難しく、その様子をお母さんに伝え、家庭教育でもしっかり注意してもらうようにと何度も働きかけてきました。

　お母さんはソウジロウ君に厳しく注意をしてはいるのですが、彼の「暴力」は収まるどころかエスカレートする一方で、悩んだ小学校はツノダ先生の力を借りることにしたのです。小学校の教頭先生は「ひょっとしたらソウジロウ君が暴れるのには何か特別な理由があるのではないか」と考えていました。

　いつもそうするようにツノダ先生は小学校を訪問し、ソウジロウ君の授業中の様子や休み時間に友だちとふざける様子などを観察し、担任の先生からも詳しく話を聞きました。またお母さん自身がツノダ先生と会って話したいと希望したので、保護者面談を行うことにもなりました。

　「小さい頃からどちらかといえば落ち着きがなかったソウジロウを、しつけに厳しい父親は、家にいれば激しく注意し、時には体罰も加えていました。ソウジロウは父親に怒られるほど興奮し、裸で表へ飛び出したり棒を持って反撃したりしました。あきらめた父親は出張の多い部署に自ら希望して異動し、家を顧みなくなったんです。今は私が父親の分まで厳しく育てています」。お母さんは涙声でそう教えてくれました。

　お母さんの了解を取り付け、ツノダ先生が知能検査をしたところ、ソウジロウ君は発達障害傾向を有していることがわかりました。特に**多動傾向**(1)や**衝動性**(2)の強さが顕著でした。学級担任やお母さんにはその事実を伝え、対応方法を伝授しました。その結果、ソウジロウ君は学校では以前に比べてかなり落ち着いて行動できるようになり、友だちへの暴力も激減しました。

　ツノダ先生は小学校からそんな報告を受けほっとしていたのですが、ある日、お母さんから特別支援学校に直接相談の電話が入り、ツノダ先生はその内容を聞いて愕然としました。ソウジロウ君は学校でおとなしくなった代わりに、家庭ではお母さんに暴力を振るっていたことがわかったのです。

　ツノダ先生はすぐ小学校に連絡を入れ、担任を交えながらお母さんと面談することにしました。父親不在の家庭で八方ふさがりとなったお母さんをどう支えれ

ばよいのだろう。面談を前にして先生は悩み、考えました。そしてひとつの方法を思いつきました。

　面談でお母さんは、ソウジロウ君に殴られた頬を赤く腫らしながら、小さくなっていました。先生はお母さんに静かに声をかけました。「知人が運営している放課後等デイサービスを利用してみませんか？」。「えっ？　放課後等……」。お母さんは顔を上げ、怪訝な表情で聞き返しました。

　「そこは障害などがあるお子さんを放課後や夏休みに預かり、遊ばせたり勉強させたりするところです。ソウジロウ君は学校でがんばりすぎてストレスをためているようです。そのストレスを家で暴れることにより発散しているのかもしれません。放課後や休日に友だちと遊ぶこともなく、毎日家庭にいるだけではストレスはたまるばかりでしょう。どうでしょう、お母さん。放課後等デイサービスでソウジロウ君を思い切り遊ばせてあげては？」。先生はそういって、緑の森特別支援学校の「個別の教育支援計画」を担任に差し出しました。

　「先生、これは特別な支援が必要な子どもやご家族などその周囲の方々の日々の生活を支え、子どもをよりよく育てていくために学校や福祉、医療機関がどうやって協力していくかをまとめるいわば生活の設計図とでも言うべきものです。これを機会に私も応援しますから作ってみませんか？」。先生は笑顔でうなずき、「個別の教育支援計画」を受け取りました。

　「それでソウジロウは私と昔のように笑顔で生活することができるようになるのでしょうか」。「お母さん、それはやってみなければわかりません。でもね、やってみなければ何も変わらないと思います。チャレンジしてみませんか？」。ツノダ先生は静かに、しかし力強く伝えました。

　1ヶ月後、秋の夕暮れ時にソウジロウ君のお母さんからツノダ先生へ電話がありました。彼は学校でもルールを守りながら友だちと遊び始め、放課後等デイサービスでは仲間と一緒にサッカーを楽しみ、夕方6時前には自宅に戻るとモリモリと晩御飯を食べ、お風呂に入ったあとお母さんと一緒にテレビのバラエティ番組を見ながら大声で笑い、宿題を済ませると夜10時前にはコトンと寝てしまうそうです。

　「今までの苦労がうそのようです。子どもって、こんなにかわいかったんですね」。電話の向こうではソウジロウ君が「お母さん、ごはんまだあ？」と催促する大声が響いていました……。

(1) 多動傾向
　じっとしていることが苦手で、よく「落ち着きがない」と指摘されることもありますが、それは自閉症や ADHD（注意欠陥多動性障害）等が原因で起きていることが多いようです。本人の責任ではありません。ADHD の子どもに聞くと「身体を動かしたくてたまらなくなる」と教えてくれました。本人にとってはじっとしていたくてもできない、とても辛い状態であるようです。
(2) 衝動性
　思ったことを考えるよりも先に行動に出てしまう、たとえば車の往来が激しい道の向こう側にお菓子屋さんがあり、あのお菓子を食べたいと思ってしまうと左右を確認せず道路に飛び出してしまうなど。あるいは友だちとのちょっとした言葉の行き違いからすぐに手を出して相手を叩いてしまうなど。我慢ができない、集中力がないなどネガティブに理解されることが多いのですが、これも本人が意図的にそうしているわけではないことが多いのです。

(1) 個別の指導計画・個別の教育支援計画

　個別の指導計画と個別の教育支援計画については、特別支援学校の学習指導要領で次のように規定されています。

　「各教科等の指導に当たっては、個々の児童又は生徒の実態を的確に把握し、個別の指導計画を作成すること。また、個別の指導計画に基づいて行われた学習の状況や結果を適切に評価し、指導の改善に努めること」。
　「家庭及び地域や医療、福祉、保健、労働等の業務を行う関係機関との連携を図り、長期的な視点で児童又は生徒への教育的支援を行うために、個別の教育支援計画を作成すること」。

　法律の中に「～すること」と明記されている場合は「義務付けられている」ことを意味します。すなわち、これについて特別支援学校は「やらなければいけない」わけです。ついでにいえば「努めること」「するようにする」などと表記されている法律については「義務づけではないけれど、できるだけそうしてください」といわれていると理解してよいでしょう。
　現在の学習指導要領において、「個別の指導計画」と「個別の教育支援計画」は特別支援学校のすべての子どもについて作らなければいけないものになりま

した。ちなみに小中学校等にいる障害がある児童生徒については作成を義務付けられてはいませんが、ほとんどの都道府県教育委員会が小中学校にそれを作成するよう強く指導しています。

(2) 特別支援教育に関係する各種「計画」

さて、本書を読んでいる皆さんの中には両計画の名称さえ初耳の方もいるでしょう。学校では通知表や指導要録が作られていることは知っていても、特別支援学校で「ナントカ計画」というものを作らなければいけないなんて……。驚きですよね。そして子どもたちに対してはこれ以外にも「ナントカ計画」と名づけられたものがいくつか存在します。まずはその辺りの関係性を説明しましょう。

国立特別支援教育総合研究所（特総研）のサイトでは、図2-1のように「計画」の関係性を説明しています。

障害があるなどの要支援者に対して、生まれてから成人し、社会参加してい

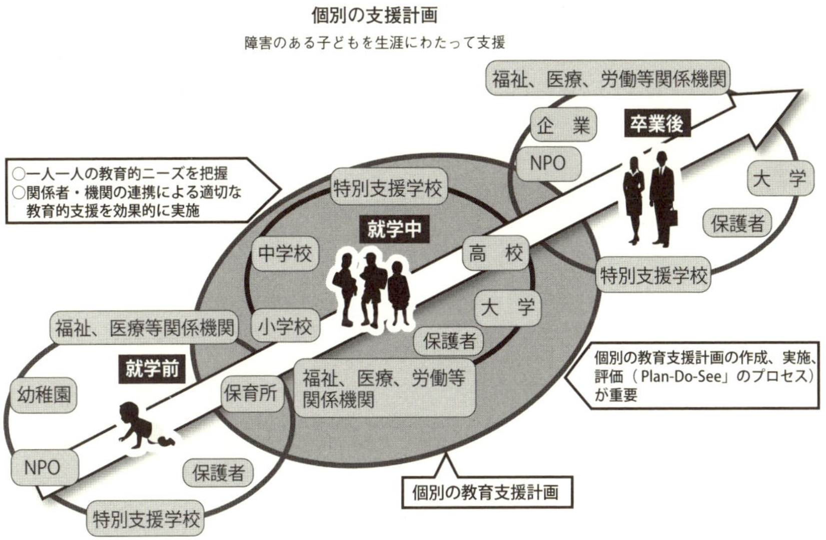

図2-1 個別の支援計画と個別の教育支援計画
（国立特別支援教育総合研究所ウェブサイト（http://www.nise.go.jp/cms/13,3293,54,247.html）をもとに作成）

くまでの様々な生活空間において、どのような支援が必要なのかをその時々に応じた計画表にし、彼を支える関係者がその資料を見ながら情報を共有できるツールを「個別の〜計画」と呼んでいます。その中でも生まれてから成人に至るまで、そしてそれ以降の各計画を総称して、個別の支援計画と呼びます。

個別の支援計画は要支援者の年齢や社会参加の形態に応じていくつかの種類に分けられていますが、学齢期に必要とされる計画表を個別の教育支援計画と呼びます。特総研のイラストは個別の支援計画の中の個別の教育支援計画の位置づけをわかりやすく表したものです。

しかし、これ以外にも「個別の〜計画」と呼ばれるものは数種類あります。その名称と関係性を、特総研のイラストを参考にしながらもう少しわかりやすくまとめてみました。図2-2をご覧ください。

これを見ると何らかの支援が必要な子どもたちには①個別支援計画、②就学支援計画、③個別の教育支援計画、④個別の指導計画、⑤移行支援計画の５種類の計画、すなわち一人一人の子どもに応じた生活や教育支援のプランがあると

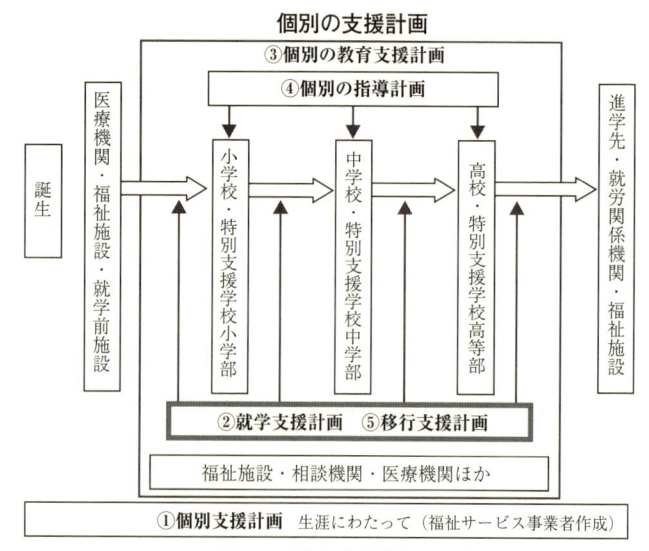

図2-2　個別の支援計画の関係性

考えてよいでしょう（自治体によっては「計画」の呼称が異なる場合もあります）。

(3)「個別の計画」の目的・内容とそれぞれの関係性

　前頁の図を見ながら、「1．学習指導要領と教育課程」の冒頭のエピソード「サカガミ先生の質問」で紹介した小学部1年生のユウジ君を例に挙げ、それぞれの「計画」の内容や目的、関係性について説明していきたいと思います。まずはもう一度エピソードを読み直してみてください。

　ユウジ君は出産時の異常が原因で脳性まひという障害を持って生まれてきました。脳性まひとは何らかの原因（胎児期や出産時の異常等）により脳が損傷を受け、身体の機能不全や知的発達の遅れ、そのほかてんかんなどの症状が現れる障害です。知的な遅れがない場合もありますが、多くの場合、肢体不自由と知的障害を併せ持つ重度・重複障害として特別支援学校で生活することが多いようです。ユウジ君は生まれてからしばらく病院にいて、必要な治療を受けていましたが、両親がどうしても自宅でわが子と生活したいと望み、生後半年で退院して家庭生活を始めました。しかしなかなか上手にミルクを飲むこともできず、また四肢に障害があるため両親の手だけで入浴させることも一苦労です。そこで地域の「子ども発達支援センター」で①個別支援計画を作成してもらいました。その計画に沿い、両親の家庭での育児を支えるため、市の保健師さんや訪問看護ステーションの看護師さん、福祉事業所のヘルパーさんがときどき家庭訪問をして食事や入浴を手伝ったり、お母さんがユウジ君を連れて支援センターの訓練会に参加したりするなど、多くの人の協力の中で彼が成長することを地域で支えることになりました。

　個別支援計画とは66頁の図2-2のとおり生涯を通じて障害がある方一人一人に応じた地域生活をサポートする福祉サービス事業者等が作成するものです。ユウジ君のように生まれてすぐに障害があることがわかった場合には、乳幼児の段階から様々なサポートを受け始めますので、さっそく地元の福祉関係者が個別支援計画を作成します。そこには親の願い（子どもにこうした生活を送って欲しい、それを見守る家族はこうありたい）が記述されていて、それを実

現するためにはどのような地域のサポートが必要なのか、それは週何回、何時間必要なのかといった具合に具体的な計画が記載されることになります。

　ちなみに、個別の支援計画とは複数ある各計画の総称のことで、個別支援計画とは、福祉サービス事業者が作成する計画を指します。「の」のあるなしで意味が異なります。ややこしいですが覚えておいてください。

　ユウジ君はやがて就学前の療育施設から地元の特別支援学校に就学することになりました。その時点で、彼が通っていた療育施設は個別支援計画をベースにした⑤就学支援計画を作成します。そこには、療育施設がユウジ君に行ってきた身体的なトレーニング、生活訓練などにおいて配慮してきた事項、たとえば手足の動きはこういう風にすればスムーズにいきますよ、このような補助器具を使うとこんなこともできますよという具合に具体的な支援方法がまとめられています。特別支援学校に４月に入学するユウジ君への療育や教育に空白が生まれないよう、入学してすぐに必要な指導・支援が始められるような情報が書かれているのです。

　入学した特別支援学校小学部では、学級担任が移行支援計画を元に③個別の教育支援計画を作成します。保護者や本人、療育施設、医療機関、その他ユウジ君にかかわってきた支援者からできる限り情報を集め、今後は学校を中心とした生活圏すべてでどう彼を支えていくかといった計画が明記されます。学校の中の支援ももちろんですが、放課後をどう過ごすか、休日をどう過ごすか、そのときどんなサポートが必要になるのか、サポートする福祉施設等の具体名まで挙げ、詳しく記述することになります。

　保護者にも内容を確認してもらい、支援の方向性が決まれば、次は個別の教育支援計画における有意義な生活を実現するために、学校で何をどう教えればよいのか、④個別の指導計画を作成します。これはあくまでも学校の中での教育に特化した計画になります。彼がよりよく成長し、将来は自立し、社会参加することを考え、では今のユウジ君に教えるべきことは何か、それをどうやって教えればよいのか、その結果どうであったか、を学級担任が細かく記録を残していきます。

個別の指導計画はユウジ君の12年間の学校生活において授業や学校行事などの教育活動すべてで活用することになります。たとえば「落とさずに5分間、手のひらでしっかり物を握ることができるようにする」という目標を個別の指導計画に記述したとすると、日々の授業では握る力を伸ばすために音楽の時間には合奏で鈴を握る練習を、体育の時間には風船バドミントンでラケットを握る練習を、そして自立活動では音楽に合わせてグーとパーを繰り返すトレーニングを行います。あらゆる教育活動を通じてひとつの目標を達成するために教員は創意工夫をこらします。その経過や成果を個別の指導計画に記述し、達成したら次の目標を、難しければ指導を見直すというように活用していきます。

　個別の教育支援計画、個別の指導計画は学年が上がって学級担任が変わったり、中学部や高等部へ進学したりするときも引き継がれ、教育に空白が生じないようにします。さらに課題をクリアしたらまた次の課題へという具合に指導や支援の内容を常に記録し、評価し、向上させていくことが大切になります。これらの計画を見ながら保護者と面談し、複数担任同士で話し合い、何か課題が発生すれば内容を見直し、保護者の了解があれば学校以外の関係機関にも提示して、ユウジ君への支援がどこでも同じように受けられる体制作りに活用していくのです。進学するたびに丁寧に移行支援計画を作成し、次の学部により詳しく引き継ぐ学校もあります。

(4) 卒業しても続く支援

　いよいよユウジ君が高等部を卒業し社会に出る、たとえば地元の生活介護施設に入る、あるいは就労支援型の「福祉作業所」的な施設に進む、となったとき、学級担任は個別の教育支援計画を参考に、移行支援計画を作成します。入学前に療育施設が作成した就学支援計画同様、学校でユウジ君に対して行ってきた教育内容や配慮事項をまとめ、次に進む施設に渡すのです。

　施設側はこれを参考に再び成人期用の個別支援計画を作成します。施設を利用しながら彼が地域の支援を受けてどう有意義に人生を生きていくのか、たとえば平日は施設に通いながら軽作業を行い、休日はガイドヘルパーを利用しな

がら軽作業で稼いだ賃金で都心に出て好きなものを買う、食事を楽しむ、映画鑑賞やスポーツ観戦に興じるなど、人生全体を支えていくような計画を、保護者や本人の願いを受けて作成します。

　個別支援計画は主に福祉施設、福祉機関が作成するものであり、それはその人の人生全体を長くサポートしていくための計画になりますが、同じ目的のものを学齢期には個別の教育支援計画として学校が作成します。就学前施設から学校へ入学する、また学校を卒業して福祉施設に入る、そのように生活の場所が変わる時点では支援の空白を生まないよう移行支援計画のようなものが作成されます。支援に関する情報を引き継ぐものです。卒業後はまた就学前のように教育から主に福祉的支援を受けることになるので福祉施設側が個別支援計画を作成します。この関係性を理解していただけたでしょうか。流れとしては就学前の個別支援計画 → 特別支援学校への就学支援計画 → 学校生活における個別の教育支援計画 → 校内だけで使う個別の指導計画 → 卒業後に進む福祉施設への移行支援計画 → 福祉施設での個別支援計画となります。

　図では大きな個別の支援計画の枠の中に個別の教育支援計画が含まれていますが、基本的には個別の支援計画は人生すべての期間に必要なものであり、学齢期には個別の教育支援計画を作成すると考えていただければよいと思います。

(5) 記述方法の留意点

　記述方法や様式（書き方）については都道府県、市町村、学校ごとに異なります。自治体で統一している教育委員会もありますが、ほとんどの場合は学校ごとに記載方法が異なっています。皆さんが配属される学校のやり方に則って、上司や先輩などの同僚からしっかり学んでください。書き方について、また様式の見本などは各々の教育委員会ほか文部科学省のウェブサイトにも掲載されていますので、一度目を通してみてください。

　作成については文書記述が多くなります。できるだけポジティブな表現を心がけたほうが良いでしょう。「〜ができません」と書くよりも「もう少しここをこうすれば〜ができるようになると思います」というように。子どもができ

るようになるのか、できないままでいるのかはまさに教育者、支援者の技術一つにかかっています。「できません」などと明記することは、「私にはそんな力はありません」と公言するようなものです。「私がこう指導・支援すれば、今はできないことでも少しずつできるようになります」と自信を持って記述できるようにしてください。

(6) 作成例

では実際に情報を記入された個別の教育支援計画を見てみましょう。ここでは筆者が自作した様式を使い、再び「サカガミ先生の質問」に登場したユウジ君を例に挙げて書き込んでみたものをご覧ください。彼の成育歴や学校での様子については前項でも詳しく触れていますので、改めて確認してみてください。

まず名前や住所などの基本情報があります。昔はさらに障害者手帳の等級や家族構成まで入れていた個別の教育支援計画もありましたが、最近では個人情報は最低限にしよう、という動きがあり、あまり詳しく記載しないところが多いようです（今も詳しく記載しているところもあります）。

そして本人の状態についての記載がありますが、この部分については「プロフィール表」として別に様式を作り、さらに細かく書くところもあります。

「保護者や本人の願い」ですが、ここには保護者の正直な気持ちをそのまま記載します。教員の勝手な判断で「これは実現が難しそうだから……」などと考えることは不適切です。保護者の心理に寄り添っているとはいえません。それにすべての子どもに様々な可能性があるのですから、どのような願いや夢であっても、ストレートに表現すべきです。

関係機関の支援の状況や内容についても触れることになります。この「計画」を利用しながら、各々の機関がさらに支援内容を工夫し、進化させていくことになります。場合によっては関係機関同士で連絡を取り合い、本人への対応方法を統一していくといったことも可能になります。

関係機関に関する情報については保護者から聞き取ったものをそのまま記載する形になります。保護者の同意がないのに、勝手に医療機関や福祉施設に問

個別の教育支援計画

○○県立緑の森特別支援学校

氏　　　名	ヤマダ　ユウジ　　　（7歳　　小学部1年）
記　入　者	サカガミ　ユウコ　平成26年　5月　1日作成
住　　　所	○○県緑の森市青池町3丁目4-15
電　　　話	○○-○○○○-○○○○
保護者氏名	ヤマダ　ユウイチロウ

1　本人の様子（特徴・身体の状況・その他）

（就学前の様子）
・週3回、就学前療育施設に通っていた。人間関係は良好で職員等と笑顔で関わることができていた。
・脳性まひがあり車椅子を利用していた。常に母親が付き添っていた。健康状態は良好。

（入学後の様子）
・入学当初は慣れない環境の中で不安な表情を浮かべることもあったが、徐々に教員や友だちと遊びを通じて楽しく関わることができるようになって来た。
・いろいろな物事に興味関心が強く、積極的に行動している。

2　願い・目標

保護者または本人の希望（学校・家庭・生活全般）
・健康に気をつけながら学校生活を楽しんで欲しい。
・笑顔をたくさん増やして欲しい。
・少しでもいいから言葉が話せるようになって欲しい。

支援目標
・いろいろな経験を通じて「やりたい気持ち」を育て、要求ができるようにする。
・会話を多くし、豊かな情緒を育てながら、笑顔で明るく過ごせるようにする。
・日々の健康管理に留意しながら、自立活動を通じてより健康な身体をつくる。

3　関係機関・利用しているサービス等

	支援内容・目標	支援者・機関名	実施状況・達成度
教育	1　△△特別支援学校 ・自立活動（身体のリラクゼーション等） ・ことば・かず（発声練習等） 2　△△小学校 ・交流および共同学習（学校行事等）	1　担任　サカガミユウコ 2　担任　コウゴシノブ	1　月曜から金曜の主に午前中 （達成度） 徐々に関節の拘縮が緩んできている（H26.5月現在） 2　5月実施の運動会に参加予定
医療	1　○○県立子ども病院 ・定期受診 ・定期リハビリテーション	1　主治医　イシヅカジロウ 　　　　　（小児神経科）	1　月1回の外来受診・理学療法 （達成度）冬場から感染症などにかかることもなく安定している
福祉	1　放課後等デイサービス「ギンヤンマ」 ・余暇支援 2　児童ホームヘルプサービス「さくら」	1　責任者　ダイゴシュンヤ 2　責任者　イヅツサチコ	1　毎週月曜、水曜の放課後 （達成度）就学前より人と関わる時間が増え、表情が豊かになっている。 2　随時
家庭・地域	1　自宅 2　子ども会 ・季節行事への参加	1　保護者 2　ホームヘルプを利用し参加	2　年3回程度 （達成度）地域の友だちと触れ合える数少ない機会であり、参加を楽しんでいる。

上記の内容に同意します。　　　年　　月　　日　　（保護者氏名）＿＿＿＿＿＿＿＿印

図2-3　個別の教育支援計画記入例

い合わせることは許されません。個人情報保護の問題が絡みますので、先方も保護者の了解がない限りはなんの情報も教えてくれないでしょう。

　最後に関係機関と連携して子どもの生活をより豊かにしていくため、場合によっては医療機関や福祉施設などに個別の教育支援計画を示しても良いか、確認の署名をもらいます。もちろん、そうしないで欲しいと願う保護者がいれば学校から外部には出せないことになります。

　個別の教育支援計画に記載された大きな目標を達成するため、教員は日々の記録をしっかりととり、学年が上がる頃にはその成長の記録をまた個別の教育支援計画に記述し、次の担任に引き継いでいきます。ただ、個別の教育支援計画は学校だけでなく医療機関や福祉施設など、子どもの生活を支える全般的な計画表になりますので、学校教育に関する部分は改めて個別の指導計画にまとめることになります。ここでは個別の指導計画については触れませんが、文部科学省のウェブサイトにも何種類かの様式例が挙げられていますので、関心のある方はどうぞ参考にしてみてください。

　これから教員を目指すような皆さんは、支援を必要とする人々のために個別の支援計画があり、学齢期の支援計画を個別の教育支援計画といい、特別支援学校の教員になったら担任をしている子どもの教育支援計画を作成する仕事がある、ということは最低限覚えておいてください。また、年齢に応じて様々な計画表があるということ、そしてそれらの関係性について理解してください。個別の指導計画の作成もあります。

　しかし、個別の教育支援計画等の作成は確かに大変ですが、教員になる前の段階でしっかり書けるようになることを目指す必要はありません。教員として仕事を始めてから記述について学べばよいでしょう。配属された特別支援学校にはその学校なりの書き方があります。先輩によく聞きながら、試行錯誤してとにかくたくさん書いてみてください。経験こそが学習です。

　本節のエピソードに登場したソウジロウ君の例は、小学校における「問題行動」が家庭や福祉施設と連携したことにより改善した事例です。小中学校等にはまだ個別の教育支援計画などの作成は義務づけられていないのですが、事例

のように学校だけでは解決が難しい課題も増えてきています。

　ぜひ通常学校でもそれが必要な子どもについては積極的に関係機関との連携を進めるためにも「計画」の作成を進めていって欲しいと思います。何も国や自治体の方針を待つ必要はありません。学校ごと、いや教員個人でも、もし必要だと感じたら近くの特別支援学校のコーディネーターに相談し、手伝ってもらいながら作成してみてはいかがでしょうか？

3　特別支援学校の授業

Episode 10　「マサカズ君の目標」

　中学部3年生のマサカズ君は重度・重複学級に在籍しています。あと2ヶ月で卒業という冬の寒い朝、いつものように自立活動の時間に、担任のカゲウラ先生から**動作訓練法**(1)と呼ばれるリハビリテーション的な身体の動きの指導を受けていました。

　マサカズ君には脳性まひがあり、特に下半身を上手に動かすことができません。両足に変形を防ぐための**装具**(2)を装着し、いつも車椅子を利用しています。カゲウラ先生は膝や股関節の拘縮（関節の筋が固くなったり縮んだりして動かしづらくなること）が進まないよう、毎朝この時間にはマサカズ君を車椅子から降ろし、床のカーペットに寝かせ、装具をはずし膝の曲げ伸ばし運動などを手伝っています。

　マサカズ君はおしゃべりが好きで、自立活動の時間にもいつもあれやこれやと先生に話しかけていました。この日も先生に身体を預けながら、カーペットの上で前の晩に見たテレビアニメの話題で盛り上がっていました。しかし、あるときふとおしゃべりがとぎれ、教室の蛍光灯を無言で見上げ続けていました。「どうしたの？」と先生が聞くと、マサカズ君はいつになく真剣な表情で話し始めました。

　「先生、ぼくね、歩いてみたい」。先生はちょっと驚きました。「どうしてそう思ったの？」。「お母さんがね、スクールバスにぼくを乗せるとき、いつもヨイショ、ヨイショっていっておぶってくれるんだ。お母さん、とっても大変なんだよ。だからね、ぼく、自分で歩いてバスに乗りたいんだ」。

　先生は笑顔で答えました。「マサカズ君はえらいねえ。お母さん想いだね。でもマサカズ君が歩くのはものすごく大変な練習が必要になると思うよ。それでも歩いてみたいのかい」。「うん、ぼく、歩きたい」。さっきよりももっと強い決意の表情でそう話した彼を見て、先生は少し考えました。

　「マサカズ君。それじゃあこういうのはどうだい？　もうすぐ卒業式だ。そこ

で君は校長先生から卒業証書をもらう。今から2ヶ月、毎朝この時間、先生といっしょに卒業証書をもらうとき五歩だけ歩くことを目標に練習してみるかい？」。マサカズ君は目を輝かせ「うん、ぼくがんばってみる」と笑顔で答えました。

　先生はマサカズ君の足にとって「歩く」ことが必ずしも良い影響があるとは考えていませんでした。場合によっては膝や股関節に負担がかかり、マイナスになる可能性もあります。しかし、彼のお母さんへの想いをそのままないがしろにはできないと強く感じました。

　彼のお母さんはもう50代半ばで、マサカズ君を背負う姿は体力的にもきつそうでした。それでもお母さんは「私が元気なうちはしっかりこの子を育てますよ！」といつも面談の席では元気に笑っていました。でもマサカズ君はお母さんの背中からその辛そうな表情を見ることも多かったのでしょう。彼の思いを大切にしてやりたい。先生はそう考え、卒業式のことは伏せながらも、お母さんに「本人が希望しているので歩く練習をしてもよいでしょうか？」と確認をとりました。お母さんは彼の主治医に確認した上で、「先生、お願いします」と返事をくれました。

　それから2ヶ月間、全身のリラクゼーション（緊張を解いてリラックスするために身体を動かすこと）をした後、毎朝装具をつけたまま学校の廊下の手すりをつかみ、少しずつ歩く練習を続けました。最初は手すりを持って立っているのもやっとでしたが、一歩、二歩と前に進めるようになり、卒業式前には手すりをつかまずに目標の五歩まで歩けるようになっていました。

　卒業式の日、マサカズ君は朝から緊張しっぱなしでした。そんなことは何も知らず、黒のワンピースに身を包み、胸にピンクのバラのコサージュをつけたお母さんは「卒業式だからさすがに固くなってるのかねえ」と心配げに見守っていました。

　式が始まりました。校歌を歌い、校長先生の長い（？）お話を聞いている間、マサカズ君の表情はますます固くなっていました。カゲウラ先生はそんな彼の背中を「大丈夫だよ。きっとうまくいくよ」といってやさしくなで続けていました。

　やがて証書授与の時間になり、彼の名前が呼ばれました。マサカズ君は大きな声で「ハイ！」と返事をし、車椅子から立ち上がりました。お母さんは驚いて目を見張りました。そしてマサカズ君は、ゆっくり、しかし確かな足取りで校長先生の前に向かいました。一歩、二歩、三歩、四歩、そして五歩。校長先生の前で汗だくの顔を上げ、にっこりと笑い、誇らしげに卒業証書を受け取りました。その瞬間、式場内から大きな拍手が沸きました。ほかの先生たちも友だちも、みんな彼の目標を知っていて、そのために一生懸命頑張って練習する姿を見守っていたからです。

　カゲウラ先生は保護者席のお母さんに目を向けました。お母さんはハンカチで顔を覆い、オイオイと声をあげて泣いていました。先生は演壇の前に車椅子を運んで、マサカズ君を迎えに行きました。そのまま座席に戻ってきた彼は、お母さ

んが泣いている様子を見てビックリしました。そして先生に聞きました。「先生、お母さん、泣いちゃったよ。ぼくがダメだったから泣いちゃったのかな？」。

先生は目を潤ませながらも無理をして微笑みました。「ちがうよ、マサカズ君。君が歩いている姿を見て、うれしくて泣いちゃったんだよ」。「ふーん、そうか、うれしくても泣くことがあるんだね。先生」。「そうだよ。マサカズ君。先生もうれしいから……、涙が出ちゃったよ」。そういってこぼれた涙を拭こうとした先生に、マサカズ君は「ハイ！」といってポケットからハンカチを差し出しました……。

(1) 動作訓練法

　肢体不自由がある子どもなどにリハビリテーション（機能回復）、あるいはハビリテーション（先天的な障害などがある場合、新しく身体機能を開発すること）を目的としてトレーナーが様々に体を動かして訓練を行う場合があります。動作訓練法もそのひとつですが、そのほかに静的弛緩、ボイタ法、ボバース法等が有名です。基本的には研修を積んだトレーナーが行うのですが、学校でも研修を受けた教員が肢体不自由児にそれらを模した指導を行うことがあります。

(2) 装具

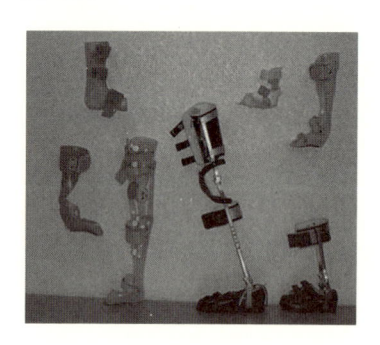

　装具とは手足や身体の機能障害がある場合、その機能を補ったり代行したり、あるいは身体の変形を防いだりするために装着する補助器具のことです。義手や義足、あるいはサポーターやコルセットなどが該当します。マサカズ君は足の変形を防ぐための装具を付けていました（左の写真のような）。

図2-4　装具
（京都市身体障害者リハビリテーションセンター　京都市情報館「補装具製作施設の紹介　」http://www.city.kyoto.lg.jp/hokenfukushi/page/0000002556.html）

76　第2章　特別支援学校の教育

(1) 自立活動
① 「自立」とは

　大学の授業で、学生に質問しました。「障害がある子どもとない子どもの違いはなんだろう？」。学生はみんな真剣な表情で考え、答えてくれました。「一人一人に応じた教育が必要」「発達段階が異なる」「障害によって社会生活に困難が生じる」。

　どれも正解だと思います。しかし、もっともっと単純な答えでもよいと思います。「障害がある子とない子の違い」はまさに「障害があるかないか」なのです。障害がなく通常学校に通っている子どもたちは何度も述べているとおり、学校で「生きる力」を身につけ社会に出て行くことが教育の最大目標です。この目標は障害があってもなんら変わるものではありません。

　しかし、特別支援学校に通っている子どもたちにはもうひとつ、別の目標が存在します。学校教育法第72条にある「障害による学習上又は生活上の困難を克服し自立を図る」ことです。

　ここで「自立」という言葉について筆者の見解を紹介します。世間では「働きながら自分の稼ぎで一人で生活していく」ことが「自立」であるなどと解釈されているかもしれませんし、障害児者福祉の充実に情熱を持っている関係者の方々は、また異なる見解を持っているかもしれません。

　筆者は「自立」の持つ意味を「障害があってもなくても、自らの意思が最優先され、尊重されて生きていくこと」であると考えています。たとえば重症心身障害児（者）と呼ばれる日常的な意思の疎通にも困難を抱える方々がいます。彼らは社会に出て働くことは難しく、また家族や第三者の支援を受けなければ生きていくことも難しい場合があります。そんな状態にあったとしても、彼らが食べたいものを食べることができ、見たいテレビ番組を見ることができる生活を保障されているなら、それは「自立」していると捉えてよいのではないでしょうか。

　そう考えれば、教育者や福祉関係者を含む多くの支援者の心がけ次第では、社会から「自立」できない人をなくすことができるかもしれないのです。「障

害が重い人は自立できない」と考えてしまえば、学校教育法第72条は有名無実化してしまいます。いくら一生懸命指導しても障害が重ければ自立できないじゃないか、そういうことです。

しかし「自らの意思が最優先され、尊重されて生きていくこと」が「自立」だとしたら、たとえ障害が重く、意思の疎通が難しくても、周囲の者が彼らの意思を理解しようとする努力を続け、支援に要する技術を高めていくことにより、彼らの「自立」的な生き方を保障することは十分に可能です。本書では「自立」という言葉をそのように理解してもらえればと思います。

② 自立活動の内容

障害がある子どもが「自立」を目指すためには「生きる力」を学ぶことにプラスして「障害の改善・克服」を目指す教育も必要になります。障害が重い子どもでいえば、意思の疎通が難しくても、少しでもコミュニケーション力を高め、自分の考えを相手にわかってもらいやすくなるような教育です。

「障害の改善・克服」に必要な力も「生きる力」に含まれるのではないかという方がいるかもしれません。しかし、筆者はあえてこの2つを別物と考え、だからこそ特別支援学校には通常学校にはない「障害の改善・克服」を目指すための自立活動という領域が設定されていると理解しています。特別支援学校の学習指導要領にだけ自立活動という領域が位置づけられている理由を考えるならそのほうがわかりやすいですよね。ちなみに自立活動は教科ではなく道徳や特別活動と同じ区分で領域の範疇にあります。

さて、その自立活動の目標が学習指導要領では次のように記述されています。

「個々の児童又は生徒が自立を目指し、障害による学習上又は生活上の困難を主体的に改善・克服するために必要な知識、技能、態度及び習慣を養い、もって心身の調和的発達の基盤を培う」。

とても素晴らしい表現だと思います。「心身の調和的発達」というのは美し

い言葉ですね。心も身体もバランスよく育てていこうということです。
　その目標に従い、自立活動で学ぶべき内容が6項目26の要素に分けられ、設定されています。以下のとおりです。

　　1　健康の保持
　　　(1) 生活のリズムや生活習慣の形成に関すること。
　　　(2) 病気の状態の理解と生活管理に関すること。
　　　(3) 身体各部の状態の理解と養護に関すること。
　　　(4) 健康状態の維持・改善に関すること。
　　2　心理的な安定
　　　(1) 情緒の安定に関すること。
　　　(2) 状況の理解と変化への対応に関すること。
　　　(3) 障害による学習上又は生活上の困難を改善・克服する意欲に関すること。
　　3　人間関係の形成
　　　(1) 他者とのかかわりの基礎に関すること。
　　　(2) 他者の意図や感情の理解に関すること。
　　　(3) 自己の理解と行動の調整に関すること。
　　　(4) 集団への参加の基礎に関すること。
　　4　環境の把握
　　　(1) 保有する感覚の活用に関すること。
　　　(2) 感覚や認知の特性への対応に関すること。
　　　(3) 感覚の補助及び代行手段の活用に関すること。
　　　(4) 感覚を総合的に活用した周囲の状況の把握に関すること。
　　　(5) 認知や行動の手掛かりとなる概念の形成に関すること。
　　5　身体の動き
　　　(1) 姿勢と運動・動作の基本的技能に関すること。
　　　(2) 姿勢保持と運動・動作の補助的手段の活用に関すること。
　　　(3) 日常生活に必要な基本動作に関すること。
　　　(4) 身体の移動能力に関すること。
　　　(5) 作業に必要な動作と円滑な遂行に関すること。
　　6　コミュニケーション
　　　(1) コミュニケーションの基礎的能力に関すること。
　　　(2) 言語の受容と表出に関すること。
　　　(3) 言語の形成と活用に関すること。
　　　(4) コミュニケーション手段の選択と活用に関すること。
　　　(5) 状況に応じたコミュニケーションに関すること。

これらの内容を参考にしながら、一人一人の障害特性や発達段階等に応じた指導目標を決め、指導計画を考えます。特別支援学校の教員を目指している皆さん、「6項目26の要素」は暗記しておいたほうがよいかもしれません。

　通常、学習指導要領に記述されている内容は、そのすべてを子どもたちに指導しなければなりません。たとえば小学3年生であれば、国語、算数、理科、社会、体育、音楽、図画工作、道徳、特別活動ほかについて指導するべき項目が具体的に示されていますので、そのすべてを教員は子どもたちに教えていかなければなりません。

　しかし自立活動の場合は、先に書いた26の要素を一人の子どもにすべて指導する必要はありません。そこが他の教科や領域とは少し異なるところです。たとえばエピソード「マサカズ君が目指したこと」の中のマサカズ君は、人間関係においては大きな課題は今のところないので、自立活動の時間に「3　人間関係の形成」に関する指導を意図的には行いませんでした。

　その代わり、脳性まひによる肢体不自由は顕著でしたので「1　健康の保持」「5　身体の動き」に関する指導を中心に毎朝、カゲウラ先生は自立活動の時間にリハビリテーション的な計画的指導を欠かさなかったのです。

　このようにしてどのような障害があってもその子に応じた「障害の改善・克服」を目指し、6項目26の要素から必要な指導目標・内容を決め、自立活動の学習を行います。聴覚障害があれば「6　コミュニケーション」の中の「(4)コミュニケーション手段の選択と活用に関すること」に沿って聴覚口話法（難聴児などが残存する聴力を活用しながら相手の口の形などを見て言葉を理解し、音声による会話を可能にしようとする方法）による意思伝達の練習をしたり、視覚障害であれば「4　環境の把握」の中の「(3)感覚の補助及び代行手段の活用に関すること」の学習として白杖（足元の段差や点字ブロックなどを確認するための杖）の使い方を学んだりします。

　知的障害の特別支援学校でも子どもの障害特性や発達段階によって26の要素のうち、一人一人異なった指導目標や指導内容が決められるのですが、学習指導要領改訂で新たに追加された「3　人間関係の形成」により、自閉症があ

る子どもが友だちや教員、保護者との人間関係を豊かにできるよう「(1) 他者とのかかわりの基礎に関すること」「(2) 他者の意図や感情の理解に関すること」を学ぶため、ソーシャルスキルトレーニング（SST・対人関係に関する技術を獲得するためのトレーニング）のような取り組みを実施している特別支援学校も増えてきています。

③ 自立活動の位置づけ

　自立活動を時間割の中に位置づける学校（例：月曜から金曜まで、毎朝10時から10時30分は自立活動の時間）は多いのですが、実は特別支援学校の教育活動全体に関連させて実施するという考え方もあります。6項目26の要素は「障害の改善・克服」に必要不可欠な内容です。であれば特別支援学校のほかの授業にもすべてこの要素を絡めて意図的に指導するべきという考えです。
　筆者も同感です。たとえ国語や算数であっても、音楽や体育であっても、また運動会や修学旅行であっても、自閉症がある子どもが「人間関係」を学ぶ場には違いありません。特別支援学校に通うこと自体が彼らにとっては教育として大きな意味を持つことになるのです。学校における生活すべてに自立活動の視点を忘れない。教員を目指す方はぜひ覚えておいて下さい。
　時間割の中に位置づけられた自立活動の時間の具体的な指導内容は様々で、カゲウラ先生のように個別に身体の動作訓練的なものを取り入れたり、ルールを学ぶため集団でのゲームを行ったり、文字や数字を学ぶため個別に読み書きの指導を受けたりするものもあります。子ども一人一人、あるいは目標を同じくする子ども集団に応じた指導を教員が考えるわけですが、それでも子どもたちの意欲を引き出すため、興味や関心に応じて楽しんで学べる内容を考える必要があります。
　目標もまたマサカズ君のように「卒業証書を受け取るときに五歩歩く」といった極めて具体的なもののほうが子どもたちにはわかりやすいでしょう。仮に「身体を上手に動かすようにする」といったような抽象的であいまいな目標の場合、それは身体のどの部分なのか、上手ってどんな感じであるのかと子ども

にはわかりづらくなってしまうかもしれません。あるいは、ほんの少しの進歩で「これも上手にできたうちだね！」と変に納得し、向上心がなくなってしまうことも考えられます。

　マサカズ君がただ「身体のため」だけに厳しい練習を強いられたら学ぼうとするモチベーションは高まりづらいでしょう。しかし、今自分が一番やりたいことを先生にわかってもらい、しっかり具体的な目標を定め、そして大変な練習をしてその目標を達成できた。この成就感や満足感は、必ず次の学習意欲につながっていきます。練習は辛くて大変だったけれど、目標どおり卒業式で五歩、歩くことができた。それを見てお母さんが喜んだ。彼はとてもうれしかったはずです。大変だけれど努力すれば夢が叶うんだな、そう感じたかもしれません。

　学校によっては個別の指導計画を作成する際、様式の中に６つの項目に応じた記述欄を設け、すべての子どもの教育活動全体に自立活動の視点を持たせようとしているところもあります。自立活動は特別支援学校にとって最も重要な教育活動であるといっても過言ではないでしょう。

　特別支援学校の教育は、時にマサカズ君のエピソードのような大きな感動を生むことが多くあります。教員にとってはそれがまたたまらなく、やりがいにもなっています。ひょっとしたら、特別支援学校の日々の尊い仕事こそが、教員自身にとっての自立活動的な人生の学びにつながっている……、のかもしれません。

Episode 11　「ルリコさんと竜」

　４月、桜の木がその枝に小さな葉を付け始めた頃、緑の森特別支援学校の中学部３年にルリコさんという転校生がやってきました。ルリコさんには軽い知的障害がありましたが、緑の森中学校の通常学級に通っていました。しかし、友だちより勉強が遅れてしまいがちで、クラスの中でも孤立することが多く、**担任の先生との相性も良くなかった**(1)ことなどから学校へ行けなくなってしまいました。中学校からコーディネーターのツノダ先生に相談があり、３年生に進級するタイミングで特別支援学校に転校することが決まったのです。

　ルリコさんはカゲウラ先生のクラスにはいることになりました。彼女は学校に

は休まず通い始めましたが、いつも暗い表情で、先生や友だちが話しかけても答えてくれることはありません。辛かった中学校の生活で、すっかり心を閉ざしてしまったようです。先生は、どうすればルリコさんに笑顔を取り戻すことができるだろうと必死に考えました。

　5月の連休前、ルリコさんの保護者面談がありました。やつれた表情でお母さんがつぶやきました。「家でもすっかり笑わなくなってしまって……」。子どものいない校舎に、さびしくチャイムが響きました。先生は聞きました。「ルリコさんの好きなものって……、何ですか」。

　「小さい頃から『エルマーとりゅう』という児童書のシリーズが大好きで、登場する竜にあこがれていました。『竜が見たい、動物園に連れて行って』といっては泣き、連れて行けば『竜がいない』といってまた泣き……。いつか自分で竜を探しに行くんだといつもいつも目をきらきらさせていました……」。先生はその話を聞き、心の中にひとつの考えが浮かびました。

　初夏の青空が映えるある日の午後、3年生20名が自分の椅子を持ってカゲウラ先生の教室に集まりました。生活単元学習の勉強が始まりました。先生は、少し恐ろしげな表情で教室にいる子どもたちの顔を見回して、低い声でいいました。「みんな、学校の側にある緑沼にねえ、竜が住んでいるって知ってるかい？」。子どもたちは口々に「キャー！」「怖いよー」「そんなのうそだよ」「竜なんかいないよ」と騒ぎ始めました。ルリコさんは黙ったまま先生の顔をまっすぐに見つめていました。

　「じゃあさ、ぼくがお話をするから静かに聞いていてね」。先生は大きなスクリーンにスライドを映し始めました。それはカゲウラ先生自作の紙芝居をデジタルカメラで撮影して大きく**スライド**(2)にしたものでした。「昔々の話です。緑沼には金のうろこを持った大きな竜が住んでいました……」。それはこの地方に伝わる地域伝承民話『緑沼の竜の物語』を先生が子どもたちにわかりやすくアレンジしたものでした。

　人々に慕われていた緑沼の竜が、日照りで困っている村を救おうと天の掟を破り勝手に雨を降らせてしまった。神様は怒って竜の身体をバラバラにしてしまう。しかし村人はその死を嘆き悲しみ、神様に竜の命を救って欲しいとお願いする。神様は村人と竜の強い絆に心を打たれ、竜を蘇らせる。そんな内容です。

　子どもたちはスクリーンの絵を食い入るように見つめ、静かに聞いていました。中には竜が罰を受ける場面で泣き出してしまう子や、よみがえった竜を見て拍手をする子もいました。お話が終わり、先生は子どもたちに語りかけました。「緑沼に本当に竜はいるのかなあ？」。みんな、一生懸命考え始めました。さっきは「そんなのうそだよ」と叫んでいた子も真剣な表情です。そのとき、ルリコさんが椅子から立ち上がって叫びました。「竜はいるよ！」。その声に応じるかのように、子どもたちは口々に「そうだよ！」「竜はいるんだよ！」と騒ぎ出したのです。

3．特別支援学校の授業

先生は心の中で「しめしめ」と手を叩いていました。でもそれを顔色には出さず「じゃあ竜がいるかどうか、みんなで探しに行ってみるかい？」。もうみんな興奮のるつぼで全員が立ち上がって「行こう！行こう！」の大合唱が始まりました。
　その後、じゃあどうやって探しに行くのか、竜は水の中にいるはず、それなら船が必要だ、学校の回りには竹やぶがたくさんある、みんなで竹を切ってきていかだを作ろう、勝手に切ったら怒られるから竹やぶの持ち主の人にお願いしに行こうなどなど、計画がどんどん話し合われ、ここに生活単元学習「緑沼に竜を探しに行こう！」が始まったのです。
　子どもたちは緑沼について調べたり、竹やぶの持ち主への手紙を書いたり、いかだの設計図を作ったりと一人一人に応じた様々な勉強を進めました。そして全員で竹やぶに入り太い竹を何本も切り倒しました。その間、ルリコさんには少しずつ笑顔が増え、友だちの仕事を手伝ったり、アドバイスしたりする姿が見られるようになっていました。
　いよいよ全員でいかだを作る仕事に取り掛かりました。しかしなかなかうまくいかず、失敗することも多かったのですが、そのたびにルリコさんは「大丈夫だよ」「次はきっとうまくいくよ」と声をかけ、友だちもその声に励まされ、何とかいかだの形ができあがりました。
　夏休みに入る少し前、**学校のプール**(3)にいかだを浮かべる実験をすることにしました。でも……。いかだは浮かびませんでした。先生はみんなに言いました。「残念だけど、このままではいかだには乗れないね。頑張って竜を探しに行こうかと思ったけど、無理かもしれないね」。だけど子どもたちは「いかだを持って緑沼に行こう」と言い張りました。泣きだす子も出ました。先生たちはそんな様子をじっと見守っていました。そのときルリコさんが、騒ぐ子どもたちの中にすくっと立ち上がり、話し出しました。
　「いかだができてよかったんだよ。でもね、うまくいかないこともあるんだよ。それでも頑張ったからいいんだよ。このいかだ、私たちの宝物だよ。でも誰かが乗ったら沈んじゃうかもしれない。乗ったお友だちがケガをしてしまうかもしれない。お友だちがケガをしたらさびしいよ。私はやだ。私も中学校で頑張ったんだよ。でもね、お友だちがひとりもできなくて本当にさびしかったよ。だからこの学校でお友だちがケガをしていなくなるのはいやだよ。みんな頑張ったんだよ。バンザイしようよ」。ルリコさんはだんだん涙声になって、最後のほうはもう声がかすれていました。
　先生たちは胸が一杯になりました。そして、中学校でそんなに辛い思いをしてきたルリコさんが、この生活単元学習を通じて大きく変わった、前向きに生きようとする力が高まってきた、と先生の誰もが実感したのです。
　子どもたちは、ルリコさんの声に応じて、全員が立ち上がり「バンザイ！」と笑顔で叫び始めました。子どもたちはルリコさんを囲み、ルリコさんも友だちの

笑顔に応えてみんなでハイタッチを始めました。
　カゲウラ先生は思いました。「子どもってすごい。こんなに変われるんだ。やっぱりこの仕事を選んで本当に良かった」と。
　やがて真夏の太陽がプールの水面をキラキラと照らし、子どもたちの顔に光を反射させました。それはまるで、スポットライトのように彼らの笑顔をより輝かせていました……。

(1) **担任の先生との相性も良くなかった**
　自閉症など人間関係の構築に課題がある子どもの場合、「相性」はかなり学校生活に影響します。先生との相性がよくなくて不登校になってしまったという例もありました。子どもに好かれようと無理に振る舞う必要はありませんが、やはり子ども好きでいつも笑顔を忘れない、時には愛を持って厳しく指導できる、そんな先生なら誰からも信頼され、愛されていたかなあと思い出します。

(2) **スライド**
　筆者がよく授業で使った方法です。子どもに示したいものを現物で提示するのはもちろん、それをカメラに写してプロジェクターで拡大して示します。この方法で紙芝居を作ったりダンスの指導を行ったりもします。子どもたちは言葉だけの授業よりも視覚から入る情報を好みますし覚えやすいようです。このようにデジタル機器をふんだんに授業に取り入れるとよいでしょう。

(3) **学校のプール**
　特別支援学校でのプールの位置づけはとても大きいのです。なんといっても子どもたちは水遊びが大好きですし、水の中では体も動かしやすくなるので肢体不自由がある子どもにも有効です。昔は「水治療室」などといって少し大きな浴槽を校内に設置した学校もありました。最近ではほとんどの特別支援学校に障害がある子どもの特性、健康などに配慮した屋根付きの全天候型プールや温水プールを設置している都道府県もあります。

　このエピソードの後日談ですが、いかだに使った竹は廃棄物にはせず、ある方法で炭にしました。そう、竹炭です。そしてその竹炭を環境学習に使いました。炭には炭酸同化作用といって植物の光合成と同様の効果、つまり空気中の炭酸ガス（二酸化炭素など）を吸着する働きがあるようです（専門家ではないので詳しいことはわかりませんが……）。それを地元で竹炭作りに取り組んでいる

方から教えてもらい、夢は大きく「炭酸ガスの増加による地球温暖化を防ごう！」との合い言葉で、焼いた竹炭を野原に撒くなどしました。

もちろん炭酸同化作用などという筆者にも難しい言葉を子どもたちはなかなか理解しづらいので、むしろ炭で焼き芋を作るなど「その他」の目的を楽しみながらの授業でしたが、やがてこの竹炭作りは特別支援学校の「作業学習（領域・教科を合わせた指導のひとつ）」として取り組まれることになり、当時はまだ珍しかった竹炭が子どもたちによる販売会では地域の方に飛ぶように売れたことを思い出します。

(2) 領域・教科を合わせた指導
① 「準ずる教育」と「特例」

自立活動については特別支援学校の学習指導要領だけに位置づけられた授業、と紹介してきましたが、そのほかにも学習指導要領においては特に知的障害児を教える特別支援学校に対して様々な「特例」が認められています。ここまで本書を読まれた皆さんはすでにおわかりのとおり、知的発達の遅れにより学年相応の教育が難しい場合がありますので、一言でいえば「小中学校の学習指導要領に準じた指導については弾力的（柔軟）に考えていきなさい」ということです。

ここで、この世界でよく使われる「準じた教育」あるいは「準ずる教育」という言葉についても少し解説しておきましょう。障害があろうとなかろうと、学習指導要領はすべての子どもを対象としたものです。たとえば知的障害があってもなくても、小学４年生であれば本来は４年生で学ぶべき国語や算数の学習を全員がやらなければなりません。たとえ障害が重くて、コミュニケーションがとりづらい子どもでも、小学４年生ならそこで学ぶべき内容を教員は教える必要があります。

それを特別支援学校で障害のある子に対して行う教育においては、小学校や中学校の教育に「準ずる教育」と呼ぶのです。特別支援学校でも基本的には小中学校の学習指導要領に準じて（その内容にしたがって）教育を行いなさいと

いうことです。

　しかし、先ほども触れましたが、同じ4年生でも知的障害が重ければ小学校の学習指導要領上の国語や算数の内容を学ぶことはとても難しいです。これも何度も伝えてきましたが、知的障害がある子どもたちに対しては「発達段階に応じて」教育を考えていかなければなりません。小学4年生でも学力はまだ小学1年生段階であれば、それに応じた指導を考えていく必要があります。

　そのため、どうしても小学校の学習指導要領どおりに教えることが難しいというケースが多く出てきます。そのようなときに特別支援学校の学習指導要領では「特例」が設けられています。たとえば特別支援学校小中学部学習指導要領第1章「総則」の中の「第2節　教育課程の編成」にある「第5　重複障害者等に関する教育課程の取扱い」には次のように書かれています。

　　児童又は生徒の障害の状態により特に必要がある場合には、次に示すところによるものとする。
 1. 各教科及び外国語活動の目標及び内容に関する事項の一部を取り扱わないことができること。
 2. 各教科の各学年の目標及び内容の全部又は一部を、当該学年の前各学年の目標及び内容の全部又は一部によって、替えることができること。
 3. 中学部の各教科の目標及び内容に関する事項の全部又は一部を、当該各教科に相当する小学部の各教科の目標及び内容に関する事項の全部又は一部によって、替えることができること。

障害の状態により「特に必要がある場合」、つまり知的障害がある子どもが該当する学年の学習指導要領に示されている内容を学ぶことが難しい場合、目標や内容の一部を変えても良いし、その学年より前の段階の内容を教えても良いし、中学生だったら小学校の内容を教えても良いですよという「特例」です。そして学校教育法施行規則第130条の2には次のような一文があります。

特別支援学校の小学部、中学部又は高等部においては、知的障害者である児童若しくは生徒又は複数の種類の障害を併せ有する児童若しくは生徒を教育する場合において特に必要があるときは、各教科、道徳、外国語活動、特別活動及び自立活動の全部又は一部について、合わせて授業を行うことができる。

様々な教科等を「合わせて授業を行うことができる」。これがいわゆる「領域・教科を合わせた指導」（以下「合わせた指導」と略）を行う法的根拠であって、学習指導要領では国語や算数を該当する学年のものよりも簡単な内容を教えても良いことになっているが、ほかにも「特に必要がある場合」には国語や算数などの教科や道徳、特別活動、自立活動などの領域をひとつの授業の中に合体させて教えても良いですよという「特例」です。

② 「合わせた指導」について
　知的障害があったり自閉症だったりする子どもたちの場合、往々にして「抽象的な物事の理解が苦手」「あいまいな表現を理解しづらい」「先の見通しを持ちづらい」といった特性があります。たとえば「あそこのあれを持ってきて」という指示よりも「教室の後ろの棚の上にある国語の辞書を持ってきて」という指示のほうが理解しやすい子どもがいます。
　また教室の机の上で学んだ文字や計算を、実生活に生かす応用力に課題があるという指摘もあります。たとえばひらがなや漢字は書けるようになったけれど、それらを使って自分の気持ちを作文にするといったことや、簡単な計算はできるようになったけれど、買物に行って好きなものを買うといったようなことが難しい場合が多いようです。1999年（平成11年）に出された養護学校用の学習指導要領には次のように書かれています。

「（知的障害児は）学習によって得た知識や技能が断片的になりやすく、実際の生活に応用されにくいことや、成功経験が少ないことなどにより、主体

的に活動に取り組む意欲が十分に育っていないことがみられる。また、実際的な生活経験が不足しがちであるとともに、抽象的な内容より、実際的・具体的な内容の指導が効果的である」。

　将来社会に出たときに必要な「生きる力」を学ぶために今国語や算数の勉強をするというよりは、ルリコさんたちのようにもっと目先の目標をより具体的に提示する、たとえば「何月何日に自分たちで作ったいかだに乗って緑沼に竜を探しに行こう」といった目標にしたほうがわかりやすいし、モチベーションも上がります。その結果、国語や算数の抽象的な授業を別々に行うのではなく、身近で大きな目的を持った学習の中に「生きる力」を育むために必要な国語的、算数的な要素などを含め、具体的な活動の中で教育を進めていく方法が有効であると考えられています。それが、いろいろな教育内容をひとつに「合わせた指導」なのです。

　「合わせた指導」は、様々な発達段階を持つ子どもたちの誰もが取り組めそうで、誰もが興味・関心を持てる内容を考え、誰にもわかりやすく具体的な目標を設定し、その学びの中で個々の日常の生活力も向上させていくといった授業になります。たとえば子どもによっては「合わせた指導」の授業の一環として国語的な学習（文字の獲得など）、算数的な学習（簡単な計算など）を取り入れたり、地域の人々との交流を通して人間関係について学んだり、あるいは自立活動の視点を取り入れ、物作りを通じて手指の巧緻性を高めたりすることができます。「合わせた指導」における集団指導を通じて、ひとつの大きな目標を達成しようとする中で、一人一人の教育的ねらいを決めた個別指導も充実させていくといったものが理想になります。

　この「領域・教科を合わせた指導」には大きく4種類があるといわれています。ただ、学習指導要領にはそれらの具体的な内容等については実はあまり詳しく説明がされていません。「総則等編（幼稚部・小学部・中学部）」の「第3編第2部第3章」には次のように書かれています。

各教科等を合わせて指導を行う場合とは、各教科、道徳、特別活動及び自立活動の一部又は全部を合わせて指導を行うことをいう。知的障害者である児童生徒に対する教育を行う特別支援学校においては、この各教科等を合わせて指導を行うことが効果的であることから、従前、日常生活の指導、遊びの指導、生活単元学習、作業学習などとして実践されてきており、それらは「領域・教科を合わせた指導」と呼ばれている。

　「合わせた指導」には4つの種類「日常生活の指導」、「遊びの指導」、「生活単元学習」、「作業学習」などがある、という程度の表現で、しかもそれらは「合わせた指導と呼ばれている」といったなんとなくよそよそしい表現ですね。そう、この4つについては文部科学省が「これらをやりなさいよ」「これは知的障害特別支援学校に義務づけられた教育だよ」といっているわけではないのです。「まあこういうやり方もあるから参考にしてね」といった程度でしょう。
　またこの4つについてはそれぞれ、学習指導要領では前記のように記述されているのですが、これも「以下の説明を参考にすることが有効である」との表現であり、「まあ、せっかくやるならこれを参考にするといいよ」程度の表記になっています。
　特別支援学校の教育について初心者でもある皆さんには、4つの「合わせた指導」を学習指導要領に沿った形で、以下にできるだけわかりやすく具体的に解説していきたいと思います。

＊日常生活の指導
　特別支援学校では略して「日生」と呼ばれています。学習指導要領では指導する内容として「衣服の着脱、洗面、手洗い、排泄、食事、清潔、あいさつ、言葉遣い、礼儀作法、時間を守ること、きまりを守ること」などが挙げられていました。日常生活の指導、というからには日頃の生活の中で必要な所作に関する勉強をすることになります。
　朝、体操服に着替えるときにその順序や衣服のたたみ方を学ぶ、教室の掃除

> i 日常生活の指導
> 　日常生活の指導は、児童生徒の日常生活が充実し、高まるように日常生活の諸活動を適切に指導するものである。
> 　日常生活の指導は、生活科の内容だけでなく、広範囲に、各教科等の内容が扱われる。それらは、例えば、衣服の着脱、洗面、手洗い、排泄、食事、清潔など基本的生活習慣の内容や、あいさつ、言葉遣い、礼儀作法、時間を守ること、きまりを守ることなどの日常生活や社会生活において必要で基本的な内容である。
> 　日常生活の指導に当たっては、以下のような点を考慮することが重要である。
> （ア）日常生活の自然な流れに沿い、その活動を実際的で必然性のある状況下で行うものであること。
> （イ）毎日反復して行い、望ましい生活習慣の形成を図るものであり、繰り返しながら、発展的に取り扱うようにすること。
> （ウ）できつつあることや意欲的な面を考慮し、適切な援助を行うとともに、目標を達成していくために、段階的な指導ができるものであること。
> （エ）指導場面や集団の大きさなど、活動の特徴を踏まえ、個々の実態に即した効果的な指導ができるよう計画されていること。

をするときに雑巾の絞り方やほうきの使い方を学ぶ、排泄が自立できていない場合はその方法や後始末を練習する、給食の前の手の洗い方や食後の歯の磨き方、もちろん必要な場合には食べ方や飲み方なども学びます。

そのほか、休憩時間や授業時間における友だちや教員との話し方（言葉遣い）、あいさつの仕方、ルールを守ることなど特別支援学校での生活のすべてが日常生活の指導なのかもしれません。

「自然な流れに沿い」「毎日反復して」というのはわかりやすいですよね。食後でもないのに歯磨きを練習したり、掃除の時間でもないのにほうきの使い方を学んだりしてもぴんときません。また歯磨きをする日もあればしない日もある、なんていう指導ではいくら続けても定着しないでしょう。毎日、必要なときに必要なことを学ぶ。それが家庭生活でも毎日、食事の前に手を洗い、食後に歯を磨く、といった自然な生活スタイルにつながっていくのです。

また、歯磨きを教えるから歯ブラシを持たせて手を動かす練習をするだけでは子どもたちの意欲は高まらないかもしれません。食後に「歯ブラシごしごし！」などというような自作のテーマソングを作り、曲が流れている間は歌詞

に合わせて「♪〜上の歯ごしごし、下の歯ごしごし」と磨く練習をし、終わったら全員で拍手をして「歯磨き花丸シール」をグラフに貼るなどといった取り組みがあれば楽しみながら学ぶこともできるでしょう。

　皆さんは小さい頃、どうやって歯磨きを教わりましたか？　おそらくはご両親から歯ブラシの持ち方や動かし方を教えてもらい、うまくできたら「よくできたねえ」とほめられたのではないでしょうか？　そうやって生活に必要な事柄を一つ一つ学んできたはずです。同じように、特別支援学校の子どもたちにも楽しみながら目標を持たせて、できた喜びを味わうようにするといったような日常生活の指導であるべきと考えています。

　日常生活の指導の内容については時代の変化に応じて柔軟に変更していくことも大切です。皆さんは子どもの頃、学校の掃除の時間にほうきの使い方や雑巾の絞り方を学んだことでしょう。しかし、実生活の中で今、ほうきを使うような機会はどのくらいありますか？　雑巾で屋内を水拭きする機会はどうですか？　最近では家庭用の紙モップや化学ぞうきんなどが掃除の主流です。ロボット掃除機まで出ているほどです。まだまだ学校に多い和式トイレですが、家庭や外出先で見かけますか？　歯ブラシにしても電動のものが出回っていますね。時に学校という組織では伝統に固執し、それを見直すことを良しとしない風潮が見られる場合があります。古きよきものを守ることはとても大事ですが、時代の変化に応じて教育内容を見直していくことも重要です。生活を便利にする新しい文化をより正しく使う方法を学び、特別支援学校の子どもたちが社会に出たときに困らないような力を育ててあげて欲しいところです。

＊遊びの指導

　特別支援教育の経験のない皆さんであれば「遊ぶことを学校で教えるの？」と怪訝な表情をするかもしれませんね。本来、「遊び」は自由なものです。しかし、特別支援学校では「遊びの指導」を通じて子どもたちに社会性、ルール、人間関係などを意図的に教えることになります。

　学習指導要領ではその内容と目的を「身体活動を活発にし、仲間とのかかわ

ⅱ 遊びの指導

　遊びの指導は、遊びを学習活動の中心に据えて取り組み、身体活動を活発にし、仲間とのかかわりを促し、意欲的な活動をはぐくみ、心身の発達を促していくものである。

　遊びの指導では、生活科の内容をはじめ、各教科等にかかわる広範囲の内容が扱われ、場や遊具等が限定されることなく、児童が比較的自由に取り組むものから、期間や時間設定、題材や集団構成などに一定の条件を設定し活動するといった比較的制約性が高い遊びまで連続的に設定される。また、遊びの指導の成果が各教科別の指導等につながることもある。

　遊びの指導に当たっては、次のような点を考慮することが重要である。

(ア) 児童が、積極的に遊ぼうとする環境を設定すること。
(イ) 教師と児童、児童同士のかかわりを促すことができるよう、場の設定、教師の対応、遊具等を工夫すること。
(ウ) 身体活動が活発に展開できる遊びを多く取り入れるようにすること。
(エ) 遊びをできる限り制限することなく、児童の健康面や衛生面に配慮しつつ、安全に選べる場や遊具を設定すること。
(オ) 自ら遊びに取り組むことが難しい児童には、遊びを促したり、遊びに誘ったりして、いろいろな遊びが経験できるよう配慮して、遊びの楽しさを味わえるようにしていくこと。

りを促し、意欲的な活動をはぐくみ、心身の発達を促していく」と表現しています。そもそも、乳幼児期や学齢期に友だちと自由に遊んだ経験を持つ機会が少ない知的障害がある子どもたちにとって、学校での「遊びの指導」は本来、自由な遊びの中で学ぶべき大切な事柄を知る貴重な学習機会なのかもしれません。

　「遊び」の種類は実に多岐にわたります。子どもの身体能力、発達段階、障害特性、目的などによって数十種類に分類されますが、ここでは詳しく述べません。都道府県教育委員会の特別支援教育関係のウェブサイトを開くとその詳細を見ることができる場合もありますので、関心のある方は各自で確認してみてください。筆者が直接見聞したものとしては、校内の比較的広い教室（「プレイルーム」などと呼ばれる教室）内に、教員が数日間、早朝や放課後、果ては土曜や日曜などの休日まで返上して巨大な遊具（たとえば子ども数人が１度に滑り降りることができる「ジャンボスロープ」など）を作り、そこで子どもを遊ば

せる指導です。遊ぶ際には教員がさりげなく子ども集団に入り、友だち同士がかかわりやすくなるような働きかけをします。

　これ以外にも球技や追いかけっこなど広いフィールドを使った遊びや音楽を使った遊び、トランプなどカードゲームを使った遊びなど、教員が創意工夫して指導目的に応じた学習の場を設定します。もちろんすべて教育の一環ですので、指導目標があり、指導計画があり、評価もします。それは立派な学校教育なのです。

　しかし「遊びの指導」については、自由であるはずの「遊び」を「指導する」という矛盾もはらんでいます。「遊び」は自然発生的なものであって意図的に計画して指導するものはそもそも「遊び」ではないのではないか、という議論も一部にはあります。したがって、地域や学校によっては「遊びの指導」を教育課程に位置づけないところもあります。

　また「遊びの指導」は主に小学部段階で実施されることが多いのですが、たとえば保護者参観等で子どもたちが遊ぶ様子をただずっと見せられている父母が「うちの子たちは勉強を教えてもらっているのだろうか」と不安に思うこともあるようです。親の立場になれば当然の疑問かもしれません。学校で「遊び」を学ぶという事実はおそらく理解しづらいでしょう。

　ここが特別支援学校の教育の難しいところです。小中学校などと違って学習指導要領があえてあいまいに表現されていることから、「遊びの指導」においてもほかの学習についても、長い間、この世界では「こういう形が理想なんだ」といった議論が続けられてきました。そしてその答えはいまだに明らかになっていません。いや、おそらくは永久に続けられていく議論なのだと思います。良識的な教員が多ければ多いほど、この種の議論が活発になる、そんな傾向が特別支援学校にはあるようです。

＊生活単元学習

　特別支援学校では略して「生単」と呼びます。エピソードではルリコさんがいる中学部3年生が「緑沼に竜を探しに行こう！」という比較的長期間にわた

> iii 生活単元学習
> 　生活単元学習は、児童生徒が生活上の目標を達成したり、課題を解決したりするために、一連の活動を組織的に経験することによって、自立的な生活に必要な事柄を実際的・総合的に学習するものである。
> 　生活単元学習では、広範囲に各教科等の内容が扱われる。生活単元学習の指導では、児童生徒の学習活動は、生活的な目標や課題に沿って組織されることが大切である。また、小学部において、児童の知的障害の状態等に応じ、遊びを取り入れた生活単元学習を展開している学校もある。
> 　生活単元学習の指導計画の作成に当たっては、以下のような点を考慮することが重要である。
>
> (ア) 単元は、実際の生活から発展し、児童生徒の知的障害の状態等や興味・関心などに応じたものであり、個人差の大きい集団にも適合するものであること。
> (イ) 単元は、必要な知識・技能の獲得とともに、生活上の望ましい習慣・態度の形成を図るものであり、身に付けた内容が生活に生かされるものであること。
> (ウ) 単元は、児童生徒が目標をもち、見通しをもって、単元の活動に積極的に取り組むものであり、目標意識や課題意識を育てる活動をも含んだものであること。
> (エ) 単元は、一人一人の児童生徒が力を発揮し、主体的に取り組むとともに、集団全体で単元の活動に共同して取り組めるものであること。
> (オ) 単元は、各単元における児童生徒の目標あるいは課題の成就に必要かつ十分な活動で組織され、その一連の単元の活動は、児童生徒の自然な生活としてのまとまりのあるものであること。
> (カ) 単元は、豊かな内容を含む活動で組織され、児童生徒がいろいろな単元を通して、多種多様な経験ができるよう計画されていること。
>
> 　生活単元学習の指導を計画するに当たっては、1つの単元が、2、3日で終わる場合もあれば、1学期間、あるいは、1年間続く場合もあるため、年間における単元の配置、各単元の構成や展開について十分検討する必要がある。

って行われた生単の授業をとおして成長していく様子を描きました。「単元」とは、このようにある一定の期間にわたる複数回の授業を導入 → 準備（練習）→ 本番 → 事後指導（評価）などのように一連の流れにして目標達成を目指していく授業形態のことを指します。

　ちなみに一つ一つ独立して行われる授業、たとえば国語の漢字の練習のよう

に1回の学習時間に完結するような指導は「題材」と呼びます。

　小学部や中学部では教科に代わって日課表の中心に生単を位置づけている学校が多くあります。最近では中学部の教育課程の中心を作業学習にするところも増えているようですが。いずれにしても知的障害教育を行う特別支援学校の教育を語るとき、生単を避けて通ることはできません。それほど重要な「合わせた指導」です。

　特別支援学校では「日課表の中心」などという表現をよく耳にするのですが、それはその学校の学部が「どのような教育に力を入れているか」ということになると思います。生単を「日課表の中心」に位置づけている学校で多く見られるのは、生単で取り組まれている授業の内容に沿って、その他の教科および領域、あるいは「合わせた指導」の教育内容とを関連づけて一定の期間、一貫した教育を行うケースです。

　たとえば「緑沼に竜を探しに行こう！」ではエピソードにも書いたようにいかだの設計図を作ったり、竹やぶの持ち主に手紙を書いたり、あるいはプールの上に浮かべて乗る練習をしたりというような学習内容が登場します。それらは各々が算数的であったり、国語的であったり、また体育的であったりする学習です。そこが「合わせた指導」と呼ばれるゆえんです。しかし、これらすべての学習に関連した内容を生単の時間だけで学ぶことは不可能です。

　緑の森特別支援学校では月曜から金曜まで、毎日10時から12時の間を生単の時間として日課表の中に位置づけているとしましょう。その前後、たとえば9時30分から10時までは「ことば・かず」と呼ばれる個々の実態に応じた国語的、算数的な指導（文字や計算を学ぶ）を行っていると考えてください。そして、いかだの設計図を考えるのに必要な「物の長さの測り方」や手紙を書くのに必要な「文章の書き方」を「ことば・かず」で学びます。もちろん中にはひらがなから学ぶ子もいれば、句読点の打ち方、時候の挨拶の書き方を学ぶ子までその幅はとても広くなっています。

　午後の体育の時間にはその時期、全天候型のプールでいかだから落ちたときの練習で救命胴衣をつけて泳ぐ練習もします。また音楽の時間には「竜」に

まつわる歌や動画（「ドラゴンボール」のような！）などを視聴し、目や耳から「竜」のイメージを高めていくといった内容も取り入れます。美術の時間にはそれぞれがイメージした「竜」の絵を描いたり、立体作品を作ったりしてもおもしろいですよね。

　このようにして「緑沼に竜を探しに行こう！」はその時期の学校の授業の「中心」になり、その他の授業と関連させて指導を進めていくことになります。この授業が「日課表の中心」に位置づけられるということは、すべての学校生活が生単を軸にして進められていくと言い換えてもよいくらいです。そうすることによってあいまいで抽象的な学習がわかりづらい子どもたちに、学校生活の目標（エピソードで言えば「竜」に関するプロジェクトを成功させること）を具体的に設定でき、それを通じて日常生活に必要な力までをも伸ばしていくことが可能になります。つまりここで「自立的な生活に必要な事柄を実際的・総合的に学習する」ことができるわけです。

　「竜を探しに行こう」というテーマから「生活に必要な事柄」を学ぶというのは少し遠回り過ぎるかもしれませんが、だからといって子どもたちが興味も関心も持たない、根拠のはっきりしない思いつきの学習を進めるわけにはいきません。子どもたちは、面白みも楽しみもないような授業内容には誰も積極的に取り組もうとはしないでしょう。だから「興味・関心などに応じたもの」がテーマとして重要なのです。大きな学校行事の前であれば「運動会で赤組に勝とう！」でも良いですし、修学旅行前ならば「友だちといっしょに箱根の温泉を楽しもう！」でも良いでしょう。次の表は国立特別支援教育総合研究所のウェブサイトにある生単の種類です。

　上記はあくまでも一例であるので、これ以外にも様々な生単があってよいと思います。学校の近くに高齢者施設があるなら、そこへ行って「おじいちゃんやおばあちゃんから昔の遊びを教えてもらおう」でも良いでしょう。その活動の中には、遊びを教えてもらったお礼に披露する合唱の練習をする、お礼の手紙を書く、ついでに高齢者施設のお掃除をするためにほうきがけの練習をする、年上の人への言葉遣いを学ぶ、なども含まれるかもしれません。

表2-1 「生活単元学習」のタイプとその特徴や具体例（国立特別支援教育研究所ウェブサイト http://www.nise.go.jp/portal/elearn/seikatutangen.html をもとに作成）

単元のタイプ	単元のテーマや単元展開の特徴	具体例
行事単元	学校行事と関連した活動を単元としてまとめて	運動会、学校祭、学習発表会、等
季節単元	季節の生活に関する活動を単元としてまとめて	春の生活、七夕、お月見会、お正月、等
生活課題単元	偶発的な出来事を契機とした活動を単元としてまとめて	お見舞いに行こう、転校した友だちに会いに行こう、等
	社会生活に必要な事柄・活動を単元としてまとめて	宿泊学習、校外学習、等
制作・飼育を中心とした単元	制作や飼育活動を単元としてまとめて	遊び道具を作ろう、畑仕事、等
調理を中心とした単元	調理活動を単元としてまとめて	お弁当をつくろう、〇〇パーティーをしよう、等

　筆者は学校現場にいた頃、生単の授業構成、指導計画を考えることがとても好きでした。「竜を探しに行こう」の単元も、子どもたちの笑顔を思い浮かべながら計画を練りました。学習指導要領に具体的には示されていない内容を、子どもの特性、発達段階、地域性、学校の特色などを総合的に考慮しながら考え出していく作業はとても大変ですが、逆に言えばあらゆる可能性を秘めたオリジナリティーあふれる授業を自分の力で生み出すことができる教育者としてのダイナミックな喜びが隠されています。皆さんもぜひ、特別支援学校現場に勤める日が来たら、自分なりの豪快でかつ繊細な生活単元学習を生み出し、子どもたちの笑顔を輝かせてみてはどうでしょう？

＊作業学習

知的障害特別支援学校の究極の、そして永遠の課題のひとつに「進路」の問題があります。小学1年生から高校3年生まで、多くの特別支援学校で12年間、子どもたちは楽しく学ぶことができます。しかし、学校を卒業した後の「進路」は彼らにとって今も非常に厳しいものとなっています。

　障害のない子どもたちのように大学や専門学校などの高等教育機関に進むケースは極めて少なく、ほとんどが就労、あるいは施設入所という進路を選ぶこ

とになります。「選ぶ」と書きましたが、地域によっては「選ぶ」ほど選択肢がない場合もあります。

就労するにしても進路指導や学級担任などの教員が理解のありそうな企業に頭を下げ、高等部の生徒は3年間に計何十日も「産業現場等における実習（現

---

iv　作業学習

　作業学習は、作業活動を学習活動の中心にしながら、児童生徒の働く意欲を培い、将来の職業生活や社会自立に必要な事柄を総合的に学習するものである。

　作業学習の指導は、単に職業・家庭科の内容だけではなく、各教科等の広範囲の内容が扱われる。

　作業学習で取り扱われる作業活動の種類は、農耕、園芸、紙工、木工、縫製、織物、金工、窯業、セメント加工、印刷、調理、食品加工、クリーニングなどのほか、販売、清掃、接客なども含み多種多様である。

　作業学習の指導に当たっては、以下のような点を考慮することが重要である。

（ア）生徒にとって教育的価値の高い作業活動等を含み、それらの活動に取り組む喜びや完成の成就感が味わえること。

（イ）地域性に立脚した特色をもつとともに、原料・材料が入手しやすく、永続性のある作業種を選定すること。

（ウ）生徒の実態に応じた段階的な指導ができるものであること。

（エ）知的障害の状態等が多様な生徒が、共同で取り組める作業活動を含んでいること。

（オ）作業内容や作業場所が安全で衛生的、健康的であり、作業量や作業の形態、実習期間などに適切な配慮がなされていること。

（カ）作業製品等の利用価値が高く、生産から消費への流れが理解されやすいものであること。

　中学部の職業・家庭科に示す「産業現場等における実習」（一般に「現場実習」や「職場実習」とも呼ばれている）を、他の教科等と合わせて実施する場合は、作業学習として位置付けられる。その場合、「産業現場等における実習」については、現実的な条件下で、生徒の職業適性等を明らかにし、職業生活ないしは社会生活への適応性を養うことを意図して実施するとともに、各教科等の広範な内容が包含されていることに留意する必要がある。

　「産業現場等における実習」は、これまでも企業等の協力により実施され、大きな成果が見られるが、実施に当たっては、保護者、事業所及び公共職業安定所などの関係機関等との密接な連携を図り、綿密な計画を立てることが大切である。また、実習中の巡回指導についても適切に計画する必要がある。

場実習)」と呼ばれる職場実習に出かけ、実地体験を繰り返してようやく認めてもらう、そんな現状がここ何十年も変わってはいません。

　福祉施設の数もまだまだ少なく、わが子の未来を案じた保護者が、子どもたちが小さいうちから福祉施設の建設運動を始め、何年もかかってようやく施設を完成させ、しかしその施設もあっという間に定員が埋まり、また次の施設が必要になるといった動きが各地で繰り返されています。

　学校ではこのような社会情勢に憂いを感じながらも自分たちでできること(教育)で子どもたちの「生きる力」を高め、豊かな人生を享受できるよう高等部段階ではほとんどの特別支援学校で作業学習を教育課程の中心に位置づけ、生徒の実態にもよりますが、できる限り「働きながら社会参加できる」ような力を育てようと必死です。

　作業学習の目的は「児童生徒の働く意欲を培い、将来の職業生活や社会自立に必要な事柄を総合的に学習する」ことですが、ほかの「合わせた指導」同様に文字どおり「働く意欲を培う」学習を通じて「社会自立」に必要な様々な事柄を学びます。ただ単に手先の技術やコンピューターの扱い方を学ぶわけではなく、上司に見立てた教員や同僚に見立てた友だちとの人間関係を構築することについての学び、職場でのあいさつ(「お先に失礼します」といったような)、顧客との信頼関係の確立(販売会での接客を通じて)、就労に必要な事務処理(履歴書の書き方など)、職場で好感を得られるような服装・髪型・清潔さなどの基本的事項などを「働くこと」を軸としながら周辺部で学んでいきます。

　筆者が特別支援学校(当時は「養護学校」でした)に勤務し始めた頃の作業学習はコンクリート班(新築住宅の玄関前や庭に並べるコンクリート板を作る)や洗車班(教員の車を洗車する)などがありました。今から数十年前のことで、当時はいわゆる「バブル経済」の真っ只中でしたので一戸建て新築住宅の需要も大きく、また自動車販売の伸びも右肩上がりで、そのような職場のニーズが少なからずあったと記憶しています。

　しかしいまや時代は大きく変わり、生産加工などの第二次産業から流通・サービス系の第三次産業への就業者が増加しているようです。また情報関係の仕

事も活発です。これらの変化を受けて、特に職業教育に力を入れる高等部単独の特別支援学校では物流管理を担う「ロジスティクス」や情報サービス系の学習、または食品加工・接客販売（パンの製造販売等）へと移管する作業学習を取り入れるところも増えているようです。

特別支援学校高等部学習指導要領の解説には作業学習で学ぶ職種について「農耕、園芸、紙工、木工、縫製、織物、金工、窯業、セメント加工、印刷、調理、食品加工、クリーニング、販売、清掃、接客」などが挙げられています。

多くの場合、学校の高等部ごとにこれらの職に関係する学びを行う作業学習を実施するのに、子どもの特性、発達段階、また本人や保護者の希望なども考慮しながら学年縦割りの「作業班」というグループを形成します。農耕班、または園芸班といったように名づけるところもあれば「コース」「グループ」「〜科」といった呼び名もあるようです。

知的障害特別支援学校の高等部では作業学習がまさに「日課表の中心」「教育課程の中心」となり、学校生活全体が作業学習を軸として動いている感があります。年に数回の一般向け販売会を企画し、それを目指して生産加工の学習に力を入れたり、または地域広告やウェブサイト等を通じて顧客から直接注文を受け製作販売する受注販売などを進めている学校もあります。

1年間の指導計画の中で販売会を目標としながら作業学習の年間予定が組み立てられ、その合間に学校行事（運動会、文化祭、修学旅行等）があるといっても過言ではないかもしれません。もちろん学齢期の子どもたちですので、ただ働く力を身につけるだけでなく、社会参加後の余暇を趣味やレジャーで楽しむため、体育や音楽などの授業を通して健康な体、豊かな心（感受性）を育むことも大切です。日課表の中でこれらの教科を作業学習の周辺に位置づける学校も多いようです。

そもそも「人は何のために働くのか」といった議論が特別支援学校の作業学習では必須になると思います。自分たちの生活を振り返れば、ただ衣食住のために働いているわけではなく、一人一人が家族のため、レジャーのため、趣味のため、嗜好のために働き、働いた糧（給与等）でそれら個人的な欲求を満た

すことが「生きる姿」ではないでしょうか。

　障害があってもなくてもそんな「生きる姿」に変わりはありません。ある就労支援系の福祉施設（「就労継続支援事業所」）では、障害の軽重にかかわらず、そこで働くすべての人が月収4万円を目指すと目標を掲げました。このような就労系の福祉施設の月収は多くても月2万円程度、ほとんどが月収数千円といった状況です。企業の下請けとして割り箸の袋詰めをしたり、雑誌付録の袋詰めをしたりしながら内職作業と変わらぬ工賃で働いているのです。もちろんそれだけで生活ができるわけではないのですが、障害者年金や障害者支援のための福祉サービス（利用料は原則自己負担1割）などがあるので、衣食住に困るわけではありません（実際には生活に困っている人もいるようです）。

　しかし、この施設は破格の「月収4万円」の目標を掲げたのです。その施設の責任者に聞いたところこの金額の根拠を次のように教えてくれました。

　「人によって差はあるが、概ね、月曜から金曜まで働き、土曜や日曜にレジャー、趣味などに興じるとすれば、週末に1万円程度の余興費はあってもよいのではないか。都会に出て少しおしゃれなレストランで食事をし、映画鑑賞やスポーツ観戦、美術館めぐりを楽しみ、デパートで好きなものを買って帰る。これを毎週1回続けることを考えれば、月に4万円、自由に使えるお金があり、それを自分で稼ぐというスタイルが必要と感じた」。

　本書の第1章「1. 障害について」でもADLとQOLについて説明しました。この施設では「生きる姿」をしっかり定義し、障害があってもなくても自分の思うまま、自分らしく生きることが最も重要であると考え、そのための障害者就労のあり方を追求し続けているのです。

　特別支援学校高等部でもその辺りの議論は深めて欲しいと思います。「人は何のために働くのか」。作業学習だけでなく体育（スポーツ）や音楽、美術、あるいは放課後の部活動、サークル活動などを通じて趣味、生きがいを見つけ、「あれがしたいから働く」「これが欲しいから働く」といった明確な目的意識を持ち、だから作業学習を頑張って就職したい、との意欲を高めて欲しいところです。

Episode 12　「小さな声のエリカさん」

　緑の森特別支援学校中学部1年生のエリカさんは小柄でおとなしい女の子でした。身体も弱く、体育の時間には走るのもやっとでした。いつも自信なさそうにさびしく笑っていました。友だちにからかわれても言い返せず、その場に座り込んで涙を流し続けることが何度もありました。担任のシマノ先生はそんなエリカさんの姿を見て、彼女に大きな声で笑うことができるような楽しい日々の経験を増やしていくにはどうしたらよいだろうと考えました。
　そんなある日、シマノ先生は町の本屋さんで偶然見かけた絵本を読み「これだ！」とひらめきました。さっそくその絵本『くまのこうちょうせんせい』（文：こんのひとみ・絵：いもとようこ）を購入し、この絵本を原作にした劇を、中学部1年生の子どもたちで練習し、地域で発表会をやりたいと出版社にお願いしてみました。もちろん、原作者も出版社も快く了解してくれました。
　4月末の金曜日。17名の1年生とそれぞれの担任である6人の先生たちがシマノ先生の教室に椅子を持って集まりました。今日から毎週金曜の午後に中学部1年生は「総合的な学習の時間」の勉強をすることになっていて、この授業では何をするか、の説明を聞くことになっていたのです。先生は開口一番「この時間にみんなで劇の練習をして、たくさんの人に見てもらいましょう！」と発表しました。教室の中には手を叩いて喜んだり、大声で「やろう、やろう！」と叫んだり、中には「ええ、いやだなあ」と苦笑いしたりする子どもたちの喚声が響き渡りました。しかしエリカさんはまたいつものようにそんな友だちの様子を教室の隅のほうで小さくなりながらさびしそうに見つめていました。
　その後、先生はスライドで「くまのこうちょうせんせい」の絵を映し出しながらストーリーを説明しました。いつも小さな声でしかお話ができなかったヒツジ君がくまの校長先生と出会い、体調が悪く倒れてしまった校長先生を助けたことがきっかけで大きな声が出せるようになったというお話です。子どもたちは一生懸命聞いていました。その後、シマノ先生は子どもたちの希望を聞き、担任の先生たちからの情報を基にしながら配役を決めました。次の週の金曜、また教室に子どもたちが集まり、ドキドキの配役発表がありました。子どもたちの名前が役名と共に一人ずつ読み上げられ、そのたびに歓声が上がりました。
　いよいよ最後に主役のヒツジ君の配役発表になりました。「ヒツジ君は……エリカさん！」。教室は子どもたちの「エーっ！」「ワーッ！」という声でまた騒然となりました。何より一番驚いたのはエリカさん自身でした。エリカさんはビックリしたまましばらく動けませんでしたが、友だちや先生たちが「良かったね！」「頑張ってね！」と声をかけてくるので、なんだか少し恥ずかしくなり、またちょっぴりうれしくもあったので、顔を真っ赤にしてニヤニヤしてしまいました。
　次の週の金曜日から劇の準備が始まりました。大道具や小道具を作り、衣装を

決め、何度もシナリオを読み合わせ、グループに分かれて練習を重ね、あっという間に半年が経ちました。そして秋も深まったある日、練習の合間にシマノ先生の教室に集められた子どもたちに、驚きの発表がありました。「学校の近くにある緑の森老人ホームのおじいちゃん、おばあちゃんに劇を見せることになりました！」。みんなはまたビックリしました。子どもたちの間に緊張が走りました。

でもそのとき、エリカさんがちょっと大きな声ではっきりといったのです。「わたし、がんばります！」。そう、エリカさんは半年の練習の間に、セリフを話す声が少しずつ大きくなり、日々の姿勢にも自信があふれてくる様子が見られるようになっていたのです。

いよいよ老人ホームでの公演日。劇の幕が開き、子どもたちの熱心な演技が繰り広げられました。やがてクライマックス、校長先生がやまびこ山で具合が悪くなり倒れてしまう場面になりました。舞台中央に倒れている校長先生にヒツジ君役のエリカさんが駆け寄ります。このままだと大好きな校長先生があぶない。ヒツジ君は意を決して叫びます。「たすけてー、こうちょうせんせいがたいへんだー！」。その声はやまびこになって響き渡り、聞きつけた多くの人が助けに来て、校長先生は一命を取り留めました。

客席にいたお年寄りはみんな、ハンカチでしきりに涙を拭いていました。劇が終わり、全員が舞台に集まりました。カーテンコールです。その真ん中には満面に笑みを浮かべたエリカさんがいました。配役紹介を終えたシマノ先生は、最後に「エリカさん、感想はありますか？」とマイクを向けました。

エリカさんは堂々と答えました。「わたしはヒツジ君のように小さな声しか出せなかったけれど、この劇をやりながら、お友だちと一緒にお話しするのって楽しいなあと思いました。今はもうみんなと大きな声を出して遊べています。おじいちゃん、おばあちゃんもいつでもわたしたちの学校に遊びに来てください。何かこまったことがあったら、いつでもヒツジ君みたいに、たすけてー、ってわたしたちをよんでください、すぐにとんできますから」。

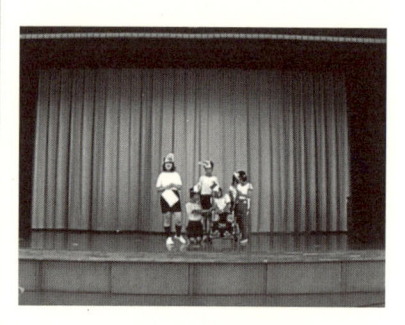

図2-5　劇の練習風景

とても立派なあいさつでした。シマノ先生はエリカさんにマイクを向けたまま涙がぽろぽろとこぼれて、動けなくなってしまいました。その様子を見たエリカさんは先生の手を握り、そっとつぶやきました。「先生、ありがとう……」。

あたたかい拍手が、いつまでも二人を優しくつつむ秋の日の静かな午後でした……。

(1) こんのひとみさん

筆者の10年来の知人で、絵本作家でもありシンガーソングライターでもある尊敬するべき方です。障害のある子どもだけでなく社会の中で困っている人、悲しんでいる人、苦しんでいる人、辛い思いをしている人の気持ちに寄り添い、歌や絵本で様々に応援してくれています。筆者が勤務する大学で特別講師として講義をしてもらったのですが、教室中が涙であふれました（http://www.konnohitomi.com/）。

図2-6 『くまのこうちょうせんせい』
（こんのひとみ著・いもとようこ絵『くまのこうちょうせんせい』金の星社、2004年）

(3) それ以外の指導

① 総合的な学習の時間

エピソードでは「総合的な学習の時間」という授業の様子を紹介しました。「総合的な学習の時間」は前回の学習指導要領改訂時に新しく日本の学校教育に位置づけられました。文部科学省のウェブサイトには次のように説明されています。

> 「変化の激しい社会に対応して、自ら課題を見付け、自ら学び、自ら考え、主体的に判断し、よりよく問題を解決する資質や能力を育てることなどをねらいとする」。

日本の教育目標が「生きる力の育成」であることは何度も述べてきましたが、学校で学んだこの力を実際に社会生活で活かせるよう体験的、問題解決的な学習を行うということです。これは教科でも領域でもなく、それらを総合的に学ぶための「総合的な学習の時間」というわけです。

でもちょっと特別支援学校の「生活単元学習」とイメージが似ている感じがします。この2つは違うものなのか、似ているのかといった議論が教育現場で

は繰り返されてきました。今も続いています。そして学校ごとにこの両者を明確に区別したり、あるいは同一に扱ったりするようになっています。緑の森特別支援学校では、週に1時間の授業を1年を通して継続するということで少し生活単元学習とは異なる意味合いを持たせています。

　本来は子どもたちが身の回りで感じる自発的な問題提起から解決を目指す一連の学習（例：たとえば小中学校では子ども自らが発案する「体の不自由な友だちが便利に過ごせるよう町のバリアフリー化を研究する」といったような内容が考えられます）であるべきなのですが、特別支援学校の場合は子どもたちの特性からそれはなかなか難しく、教員が子どもの意見を聞きながら実態に応じた総合的な学習を考えるところが多いようです。

②　教科学習や道徳・特別活動等の目的と内容

　通常の小中学校等と同様に国語や算数・数学、音楽、図画工作・美術、体育などの教科を日課表に位置づけている特別支援学校もあります。しかし、知的障害という特性に応じて、通常の学校の学習指導要領とは目的、ねらい、内容は大きく異なっています。

　視覚障害・聴覚障害・肢体不自由・病弱の各特別支援学校にいる知的障害のない子どもたちには、基本的に小中学校等の学習指導要領に「準ずる教育」が行われ、小学1年生なら小1の国語、算数などの教科の目的やねらいに応じた教育を実施することになります。

　しかし、「教科書」の項目でも詳しく説明しましたが、知的障害の場合は子どもによってその発達段階がばらばらなので、学年や年齢ではなく小学部であれば「段階」に分けて内容をそれぞれ決めていきます。

　小学部の国語であれば学年にかかわらず目標は「日常生活に必要な国語を理解し、伝え合う力を養うとともに、それらを表現する能力と態度を育てる」と比較的あいまいな（誰にでも当てはまるような）表現になっています。またそこで教えるべき内容はこの目標に応じて発達段階別に3段階に分けられています。発達段階が初期的な「1段階」の子どもには「教師の話を聞いたり、絵本

などを読んでもらったりする」などとなっていますが、これが少し発達が進んだ「3段階」になると「身近な人の話を聞いて、内容のあらましがわかる」という具合にレベルが上がります。

　だからこれをやりなさい、あれを教えなさいという具体的な指示は特にないので、この目標や内容にしたがって教員は国語の時間に指導するべきものを子どもたち一人一人の実態に応じて考えていくことになります。同じように小学部では生活、算数、音楽、図画工作、体育について1つの目標と3段階の内容（それぞれにいくつかの項目が含まれます）が明記されています。また中学部では国語、社会、数学、理科、英語、美術、音楽、職業・家庭、外国語について、1つの目標と1つの内容（いくつかの項目を含みます）が示されています。

　そのほかの領域にある道徳や特別活動等については基本的には小中学校のものに「準ずる指導」を行うことになっていますが、それらの目標や内容を「学習上又は生活上の困難を改善・克服」するために創意工夫したり、「個々の児童又は生徒の知的障害の状態や経験等に応じて、適切に指導の重点を定め、指導内容を具体化し、体験的な活動を取り入れるなどの工夫を」行ったりすることが示されています。

③　日課表（時間割）

　様々な教科、「合わせた指導」、自立活動、総合的な学習の時間などを学校や地域の特性、児童生徒の実態、教育目標に応じて日課表、行事予定、年間指導計画の中にバランスよく位置づけていくのが知的障害特別支援学校の教育課程ということになります。

　ではここで緑の森特別支援学校（注：あくまでも架空の学校です）の日課表を見てみましょう。

表2-2 小学部の日課表

	月	火	水	木	金
登校（スクールバス降車ほか）					
9:00～9:15	日常生活の指導（着替え、排泄、清掃など）				
9:20～9:30	朝の会（あいさつ、歌、今日の予定など）				
9:35～9:55	自立活動（朝の運動、リトミック、リラクゼーションなど）				
10:00～10:25	ことば・かず（国語、算数的な学習を発達段階に応じてグループ別に実施）				
10:30～12:00	生活単元学習または遊びの指導				
12:00～12:50	給食指導・休憩（歯みがきなど）				
13:00～13:50	音楽	体育	音楽	体育	総合的な学習の時間
13:55～14:10	日常生活の指導（着替え、排泄、帰りの準備など）				
14:15～14:30	帰りの会（歌、あいさつ、明日の予定など）				
下校（スクールバス乗車ほか）					

　緑の森特別支援学校小学部では日常生活の指導や生活単元学習を日課の軸に位置づけ、それを囲むようにその他の学習などが配置されています。また、小中学校のように「1時間目」「2時間目」と決めず、緑の森のように時間指定で日課を組み立てる方法もあります。

　午前中は月曜から金曜まで毎日を日常生活の指導→朝の会→自立活動（発達段階や障害の程度等に合わせて個別、または目的に応じたグループ別でそれぞれが異なる内容を実施）→ことば・かず（同じく内容は一人一人の目的に合わせて個別またはグループ別で実施）→生活単元学習・遊びの指導→給食という流れで統一しています。このように曜日に限らず毎日同じ時間に同じ日課を組む方法を「学習活動を横帯（横並び）にする」と表現することがあります。知的障害の特別支援学校、また特別支援学級にはよく見られる日課表のひとつのパターンです。

　午後は曜日によって様々な学習内容を用意していますが、中には障害の状態により給食を食べるのに時間がかかる子どももいれば、食後にはゆっくり休憩したほうが良い子どももいますので、一人一人に応じて午後の時間を柔軟に設定することも大切です。また、午後の体育や音楽にしても、一人一人の教育目

標に合わせたグループに分けて実施する方法が多く見られます。

　知的障害教育において、日課表はあくまでも「大まかな予定」であって、もちろんこのとおりに予定を進めていかなければならないことは当然なのですが、子どもによっては時間や場所になじまない場合もありますので、教員は柔軟に、弾力的にその運用を考えていく必要があります。

　また何度も言うように学校、地域、子どもの実態に合わせて、教育課程は学校ごとに工夫しますので、学習指導要領に沿っていればどのような形があってもよいわけです。緑の森特別支援学校の日課表もあくまでもひとつの例です。同じ学校の中であっても、学年ごと、あるいは学級ごと（普通学級か重度重複学級か）に異なっていることは珍しくありません。中学部、高等部になれば日課表の柱を作業学習にする学校は山ほどあります。

　どのような教育課程にせよ、知的障害特別支援学校において重要なのは、それぞれ学ぶ内容の関連性やつながりがなく、抽象的でわかりにくいものにならないようにすることです。漢字の書き取りや計算問題を一生懸命に練習して紙の上ではできるようになったとしても、その力を応用して手紙が書けるのか、買い物に行けるのかが大切です。国語や算数で学んだ内容を生活単元学習に生かす、逆に生活単元学習に生かせるよう国語や算数の内容を工夫し、関連付けて教えるといった発想が必要になります。

　小中学校等では国語は国語、算数は算数として教科書に沿ってほとんど関連のない内容を学びながらも、地域生活や家庭生活を通じてその学びを応用する生活力を獲得していくのですが、知的障害があると社会生活経験が乏しく、また学んだことを一般的に応用していく力に困難がある場合があります。

　最後に特別支援学校で教えるときの大切な三つの言葉をお伝えしておきます。「わかりやすく」「具体的に」「体験的に」。無論、その前提に「一人一人に応じた」といった言葉が入ることを忘れてはいけません。

Episode 13　「緑沼の竜の物語」

　緑の森特別支援学校の中学部3年生がチャレンジした生活単元学習「緑沼に竜を探しに行こう！」は残念ながら沼に手作りいかだを浮かべる前に断念せざるを得ない結果になりました。しかし子どもたちはこの学習から多くを学び、思春期という年齢もあいまってか、先生たちにはすべての子どもが心も身体も一段と大きく成長したように感じました。

　2学期に入り、3年生の学級担任による「学年会議」が持たれ、11月に予定されている文化祭と学習発表会を兼ねた「緑の森まつり」に向けて子どもたちがどのような学習に取り組むべきかが話し合われました。

　カゲウラ先生は手を挙げて発言しました。「『竜を探しに行こう』で子どもたちは成長し、仲間と協力しながら目標に向けて努力しようとする心が芽生え始めました。そこで、この学びをさらにステップアップするために、伝承民話『緑沼の竜の物語』を劇にして、緑の森まつりで発表してはどうでしょう？」。会議は静まり返りました。

　劇指導は障害がある子どもたちへの様々な学習効果が高い、として評価する声がある一方、その準備の大変さや、自閉症がある子どもは人前に出ることを好まないのでふさわしくない、など否定的な見方があるのも事実です。

　しかしカゲウラ先生は、子どもたちの学ぼうとする意欲が高まっている今こそ、劇指導は効果的な指導方法になりうると考え、静まり返る学年会議でさらに発言を続けました。「私がシナリオを書きます。演出や音楽も担当しましょう。衣装や大道具も場合によっては保護者や地域の方の力を借りて、できる限り負担を軽減しながら考えていきましょう。どうでしょうか？」。そして最後にこう付け加えました。「私たちの大切な教え子に『自信』という名のスポットライトを当てませんか？」。

　ほとんどの先生がその強い声に促されるように「やろう！」「やりましょう！」と同意し始めました。そして9月から11月の「緑の森まつり」まで、新たな生活単元学習「みんなで『緑沼の竜の物語』の劇を発表し、大きな拍手をもらおう！」がスタートしたのです。

　子どもたちはそれぞれ村人や神様役に指名され、セリフや演技の練習を繰り返しました。また竜は長さ10メートルほどにもなる大きな張子にし、頭と胴体、尾が三等分になるように別々に作り、それぞれに持ち手をつけ子どもが二人ずつ取っ手を持ち上げる姿は、まるで有名な「長崎くんち」のように頭上で揺り動かし練り歩くように仕上げられました。

　練習の途中では、緊張のあまり舞台で泣き出してしまったり、練習がいやで竜を担いだまま逃げ出してしまったり、また上手にセリフが言えない友だちにイライラしてパニックになってしまったりする子どももいましたが、そのたびに先生

たちは根気強く、我慢強く励まし続け、何とか劇の形ができ上がってきました。

　いよいよ「緑の森まつり」の当日です。このお祭りでは子どもたちが授業で取り組んだ作品が展示されたり、高等部は作業学習で作った製品を販売したりします。PTAが露店を出し、集まった地域の子どもたちを喜ばせるコーナーもあります。また小学部の子どもたちが練習してきたかわいい太鼓の発表や、希望する児童生徒により構成された「緑の森合唱団」の歌の発表もありました。

　ついに劇発表の時間になりました。保護者や他の学部の子どもたち、教職員、そして地域の方々、また「交流学習」で行き来のある青池小学校、赤星小学校、緑の森中学校の児童生徒も来校していて、狭い体育館に400名もの観客が集まっていました。

　劇が始まりました。村人と竜が楽しく交流している場面では場内を竜が練り歩くというパフォーマンスもあり、会場全体から「わっしょい、わっしょい」と声が上がりました。また竜が三等分されてしまう場面では大音響が鳴り響き、会場中に赤や青の光線が明滅し、観劇していた地元の子どもたちは驚いて目をいっぱいに見開いていました。竜の死を村の子どもたちが悲しむ場面ではわが子の迫真の演技に涙する保護者が多く出ました。そして竜が生き返り、それを祝う村祭りの踊りの輪が広がって幕を閉じたとき、場内はものすごい拍手に包まれました。

　カーテンコールで再び幕が開くまで拍手はやみません。カゲウラ先生は舞台の袖からそっとステージ上の子どもたちの表情をうかがっていました。自分の言葉で、あるいは紙に書いて配役と名前を一人ずつ自己紹介すると、そのたびに割れんばかりの拍手が沸きあがりました。教員も子ども自身も、単元名の「大きな拍手をもらおう！」が達成されたと感じました。満足感にあふれた子どもたちの表情は明るく、また一段と成長したようにも感じました。

　劇が終わり、精も根も尽き果てたカゲウラ先生でしたが、客席に出向くと「交流学習」で親交のあった小中学生に取り囲まれました。おのおのが興奮した口調で「先生、すごかったよ！」「こんな劇、初めて見た！」。子どもの言葉にうそはないでしょう。

　先生は疲労困憊だったことも忘れ、特別支援学校の子どもたちと作り出すこの感動の瞬間に、これからも何度も立ち会いたい、と心から思いました。そして、なんだか遠くから「竜」の「がんばれよ！」という声が聞こえたような気がしました……。

3. 特別支援学校の授業　111

(4) 学校行事
① 特別支援学校の行事

　学校行事はどの学校種の学習指導要領にも特別活動の一つとして示されています。小学校の学習指導要領「特別活動」の中には次のように書かれています。

　「学校行事を通して、望ましい人間関係を形成し、集団への所属感や連帯感を深め、公共の精神を養い、協力してよりよい学校生活を築こうとする自主的、実践的な態度を育てる」。

　特別支援学校では小中学校等の学習指導要領に準じて教育を実施するものですから、この目的がそのまま用いられることになります。特別支援学校の行事の種類は小中学校や高校などと変わるものではありません。儀式的行事として入学式・卒業式・始業式・終業式など、文化的行事として文化祭・学園祭・学習発表会・学芸会・合唱コンクールなど、健康安全・体育的行事として避難訓練・健康診断・運動会・スポーツ大会など、遠足・集団宿泊的行事として校外学習・修学旅行など、また勤労生産・奉仕的行事としてボランティア活動などがあります。では内容も小中学校等と同じなのかといわれればどうでしょう？入学式などの儀式的行事はその流れや内容にさほど大きな違いはありません。運動会や文化祭ではひとつひとつの競技や演目の内容について、子どもたちの実態や発達段階に応じて工夫が施されていますが、開会から始まり閉会に終わる一連の流れに大きな違いはないでしょう。
　学校行事は努力や学習の成果が「形になって現れる」「目に見える」ので知的障害教育の特別支援学校にとっては具体的でわかりやすい学習活動のひとつであるといえます。大きな行事の場合は、その前後に生活単元学習を位置づけ、たとえば「文化祭で〜を発表しよう」などのように単元名を付けて取り組むことが多くなっています。行事の後に、記録した写真やビデオを鑑賞しながら反省や感想を出し合い、最後に成果を全員で確認するということも可能です。

② 開かれた学校作り

　昨今の特別支援学校において学校行事は別の意味でも重要な目的を有していると考えています。学習指導要領には次のように書かれています。

　　「社会性や豊かな人間性をはぐくむために、集団活動を通して小学校の児童又は中学校の生徒などと交流及び共同学習を行ったり、地域の人々などと活動を共にしたりする機会を積極的に設ける必要がある」。

　特別活動においては「交流及び共同学習」や「地域の人々などと活動を共にしたりする機会」を設ける方向が示されています。具体的には何らかの学校行事、たとえば交流している小中学校を迎えて合同運動会を行う、あるいはボランティア行事として地域の方々と一緒に学校外の清掃活動を行うなど。もちろんこれには集団活動を通じて社会性や豊かな人間関係を育む目的があるのですが、筆者はそれ以上に「特別支援学校を知ってもらう」「子どもたちを知ってもらう」ことの意義が大きいように感じています。
　エピソードでも紹介しましたが、運動会や文化祭などに地域の方が足を運び、子どもたちが楽しく、そして一生懸命学んでいる姿を直接的に理解してもらえれば、あらぬ誤解や偏見を軽減することができるでしょう。そしてよりいっそう特別支援学校の教育活動に協力してもらえるはずです。
　また「交流及び共同学習」を通じて親しんだ小中学校と特別支援学校の子どもたちは同じ地域、社会で生きていく仲間です。ともに支えあい、ともに暮らす仲間として幼い頃からお互いの存在を理解しあうことには極めて大きな意義があると思います。このような「開かれた学校作り」を進める上においても、特別支援学校の行事には重要な意義があります。

③ 「わからないもの」への不安

　人は「わからないもの」に不安を感じます。鎖国が続いていた江戸時代、出会ったことのない外国人を「鬼」にたとえ、中には本当に角が生えていると信

じてしまった人々がいたとの話も残されています。戦争中もそうでした。「鬼畜米英」などと大人が叫ぶことにより、戦っている相手は本当の「鬼」なんだと信じ込む子どもたちも多かったようです。しかし外国人は同じ人間であり、肌の色や言語、生活信条などは違っても日本人と同じく「心」を持った人間であるという「当たり前」のことを今は理解し、国際交流が盛んになっています。

　それなのになぜ、いまだに障害がある人々への不適切な誤解、偏見がこの国には残されているのでしょう。世界の国々が交通機関の発達やインターネットの登場でより身近な存在となり、理解しあい、支えあうことが当たり前の世の中です。むしろそうして世界と積極的に交流していかないと経済的な影響すら起きる時代です。しかし、同じ日本の社会に暮らす障害のない人が障害のある人を理解できているでしょうか？　皆さんはどうですか？

　特別支援学校の子どもたちを見て欲しい、知って欲しい、理解して欲しいと痛切に思っています。そのためには特別支援学校の教職員も創意工夫を重ね、一生懸命学んでいる子どもたちの姿をどうすればもっと理解してもらえるのか、考えていく必要があるでしょう。また個人情報保護などの問題もありますが、保護者にもわが子の姿を勇気を持って地域の方々に知ってもらう努力が必要でしょう。

　筆者が特別支援学校の管理職をしていたとき、学校行事を地域のケーブルテレビ局に取材させ、ニュース映像として流してもらうことを繰り返しました。もちろん保護者には事前にカメラに映る際の肖像権の承諾書をとり、どうしても都合の悪いご家庭の児童生徒には撮影当日、カメラマンの目印になるような服装にしてもらい、映像に映りこまない工夫をしました。その結果、何名かの保護者が「近所の方が『テレビで見たよ』と子どもに気軽に声をかけてくれた」と教えてくれました。また校内では保護者同士が「うちの子が映ってたのよ」と楽しく会話する姿や、子ども自身が「先生、うちの学校がテレビに出てましたよ」と声をかけてくる姿も見られました。もちろん障害のあるなしにかかわらずメディアに紹介される何らかのリスクはあるでしょうし、それに伴う反対意見を持つ方も少なくないかもしれません。

しかし、かけがえのない特別支援学校の子どもたちの笑顔を多くの方々に知ってもらい、地域でともに生きる仲間としてぜひ関心を持ってほしいと心から願っています。そこで働く教職員も、そして保護者（家庭）も、本当に一生懸命がんばっています。皆さんもぜひ地域の特別支援学校の学校行事に足を運んでみてください。たとえそれが雪の降る寒い日であっても、春風のように心を暖かくする笑い声が皆さんの耳に心地よく響いてくるかもしれません……。

4 地域とともに

Episode 14 「オグチ校長先生の涙」

　緑の森特別支援学校のオグチ校長先生は、11月の学校公開日に開かれた地域住民の皆さんとの懇談会で出された意見の数々に悩んでいました。「特別支援学校は私たちの生活に関係ない」「なんでここになければいけないのか？」「別世界の話だ」……。

　学校では年に1回、授業の様子を広く一般に公開し、また希望者や地域住民の代表の方々を招いて**懇談会**(1)を行います。そこでいつも話し合われるのは「作業学習の販売会をやるので製品を買いに来ませんか？」「運動会をやるのですが練習の騒音が出ます。ご迷惑をおかけします」というような学校からの「お願いごと」が多かったようです。校長先生は「そういえばそうだったなあ」と振り返りました。住民の方々には素朴な疑問がわいてきたのかもしれません。特別支援学校から「求められる」だけの関係のあり方に。

　オグチ校長先生は今回の懇談会で参加者の意見からその思いを強くしました。「特別支援学校が地域のために何ができるのか」。校長室にコーディネーターのツノダ先生を呼び、このテーマを形にするにはどのような方法があるか、意見を聞いてみました。

　ツノダ先生は特別支援学校のあるお母さんからの相談を思い出しました。彼女は自閉症がある小学生の息子の世話と認知症のある高齢の両親を介護する日々に疲れきっていました。相談を受けた先生は、市役所の介護保険課に電話をかけ、福祉サービスについてたずねたのですが、地域には福祉事業所が少なく、いつも定員がすぐにいっぱいになってしまうという回答でした。お母さんから相談を受けたツノダ先生は自閉症のお子さんの存在について市役所に伝えてみました。すると担当課はすぐに事情を理解し、今後は優先的に福祉サービスの提供を行うことを約束してくれました。そんな出来事があったのです。

4. 地域とともに　115

ツノダ先生はそのときの話を思い出し、校長先生に進言しました。「うちの学校はトイレも廊下もバリアフリーです。エレベーターもあります。校庭や体育館も広くて安全です。生活訓練のための大きな和室もあります。どうでしょう、土曜や日曜は休みで建物は空いているわけですから、地元の高齢者の方々のために何かできないでしょうか？」。
　校長先生はすぐに地元の社会福祉協議会（社協）に連絡し、その構想を相談しました。社協はボランティア団体の責任者と協議した結果、校長先生の申し入れをありがたく受け入れ、土曜日に地元のボランティア団体が主催する「**休日デイサービス**」を**特別支援学校で実施**することにしました。
　年が明けた１月、日頃は自宅にいることが多く、外出も難しかった身体の不自由な高齢者の方々10名が緑の森特別支援学校に来校しました。そして高校生や大学生、また地元の看護学校の学生、特別支援学校の職員有志などが主体となったボランティアが一人一人に１日中付き添い、食事やレクリエーションをともに楽しみました。
　校長先生やツノダ先生は高齢の参加者が楽しく過ごす様子を間近で見て「地域で生きる」ことの大切さをこの企画から大いに学ぶことができました。障害のある子どもたちやその家族だけでなく、人それぞれ、家庭のそれぞれに数多くの課題があり、誰もが支えられたいと願っている。そして一方通行ではなく、お互いに支えあうことが大切なのだと。
　第１回目の休日デイサービスは無事に終了しました。臨時駐車場にした校庭に、家族が車で迎えに来ていました。そして別れ際、若者と高齢者が手を握り合って涙する姿に触れ、校長先生は「やってよかった」と心から思いました。
　その時、背中から校長先生の背中をトントンと叩く人がいました。振り返るとそこにいたのは地域との懇談会で「特別支援学校など私たちの生活と関係のない別世界のものだ」と語っていた自治会長さんでした。
　「校長先生、ありがとう。そして本当に申し訳なかった。わたしは誤解していた。高齢者と若者が触れ合う姿を見てね、気がついたんだよ。町で障害のある方と出会っても特に気にならないし、むしろ当たり前の光景だと思っていた。ただ世間にはまだまだそんな様子を奇異な目で見る人がいるんだよ。今日ね、それを思い出した。障害があったりなかったり、高齢だったり若かったりすることなんか何の関係もない『ともに暮らす』ことが当たり前の地域を作っていてくれたのはこの学校だったんだって、気がついたんだよ。特別支援学校はこの地域になくてはならないものなんだ。いや、ここにあってくれて本当に良かったと思ってる。これからも一緒にやっていこう。ありがとう」。
　自治会長さんは目を真っ赤にしながら校長先生の手を強く握り、頭を下げました。オグチ校長先生は「いえいえそんなことはありません。皆さんの協力があってこその学校なんですよ」と逆にお礼を言おうとしたのですが、もう言葉に出す

ことができず、自治会長さんと抱き合うように号泣してしまいました。
　そんな校長先生の足元には、ふきのとうがこっそりと土から顔を覗かせています。吹く風にも春の気配を感じさせる、茜雲が美しい緑の森特別支援学校の夕暮れ時でした……。

（1）地域との懇談会
　千葉県では「1000箇所ミニ集会」という名称で、小中学校や高校、特別支援学校が校内参観や学校行事などの機会を設けて、その来場者と懇談する機会を設けることになっています。地域と学校が協力し連携することによって地域全体が活性化し、子育て、災害対策、防犯など様々な分野で交流し、力を合わせていくことについて話し合います。千葉県だけでなくこのような「開かれた学校作り」が全国的に進められています。

（2）「休日デイサービス」を特別支援学校で実施
　筆者はこのイベントを実際に実現させたのですが、エピソードに書いた以上に手続きは大変でした。そもそも学校は教育目的で作られたものであり、教育目的以外での利用については法律で厳しく制限されています。たとえばそれが営利目的や政治目的の活動であれば公共の施設としては明確な法律違反ですから。ただし、全国的にみれば少子化により空いた教室（余裕教室）を利用して高齢者のデイサービスなどを実施している自治体などが出てきています。ただ、当時はこのような動きも少なく、最終的には文部科学省まで一教員たる筆者がおうかがいを立てて実現にこぎつけたといったような苦労がありました。個人的には学校が地域のためにもっと様々な形で利用されることを望んでいます。

（1）地域との連携
　学校教育法第43条には次のようなことが書かれています。

　「小学校は、当該小学校に関する保護者及び地域住民その他の関係者の理解を深めるとともに、これらの者との連携及び協力の推進に資するため、当該小学校の教育活動その他の学校運営の状況に関する情報を積極的に提供するものとする」。

4．地域とともに

ちなみにこの第43条は同法第82条で特別支援学校にも準用されています。準用というのは主語を替えて（この場合「小学校」を「特別支援学校」に読み替える）同じように読みなさいということです。当たり前の話ですが、公立学校は税金で成り立っています。施設設備費、光熱費、教材費、教職員の人件費などが税金でまかなわれている以上、公的機関である学校はそこで何がどう行われているのか、税金がきちんと学校教育に活用されているのかを常に明らかにしていく必要があり、社会全体に理解されていかなければなりません。

　また、今の学校は社会情勢の急進的な変化により、20年、30年前に比べて子どもたちに教えるべきことが数倍にも増えています。これらをすべて学校だけで教えるには限界があります。教員は全知全能、万能のスーパーヒーローではありません。地域の方々の協力が必要不可欠です。以前には考えられなかった携帯電話、スマートフォンなどという文明の利器の登場で、情報活用能力なるものを教え、ネット上の詐欺や犯罪に巻き込まれない知識を獲得させることも必要になっています。あるいは子どもを狙う凶悪事件の増加により、子ども自身の危機管理能力を高めるために安全教育、防犯教育なども必要となり、大きな自然災害に対する防災教育も必要になっています。環境教育、消費者教育、金融教育といった新しい言葉まで登場し、教育の範疇が拡大の一途をたどっています。

　教員はすべてにおいて基礎的・基本的な知識は有していても、専門性に則り子どもたちに確実にそれを教えていくことは難しい場合があります。そこを地域の皆さんに補ってもらえれば素晴らしいと思います。皆さんも近所の交番にいるお巡りさんがお手伝いする交通安全教室などに参加した経験があるのではないでしょうか。防犯教育には警察官の応援が、防災教育には消防士の応援が、消費者教育には地元の大型スーパーの応援が必要になるかもしれません。それ以外にも地域の方々の様々な力を借り、学校運営を進めていくことがベストです。

　また、このように学校で不審者対策や交通事故防止対策を進めても、子どもたちが学校を一歩でも出てしまえば、教員が子どもたちの命や健康を100％守

ることはとても難しくなります。地域住民による安全対策が充実し、ボランティアによるパトロール隊や昔流に言えば「緑のおじさん・おばさん」の存在などが学校と協力しながら子どもたちを守ってくれていることは皆さんもよくご存知でしょう。

　そもそも子どもが豊かに成長していくための教育は学校だけで行われるものではありません。学校でお金の遣い方を学んだからといって、すぐに町のコンビニで買い物ができるわけではありません。学校で学んだ知識や技術を、家庭や地域社会で実際に体験させてもらう機会があってこそ、それを「生きる力」に変えていくことができるのです。

　学校、家庭、地域社会が三位一体となり一人の子どもを育てているといっても過言ではないでしょう。子どもの教育の中心的な存在となる学校が地域に信頼され、理解されることが大前提であり、だからこそ「あの学校に協力しよう」と家庭や地域に思ってもらえるようにならなければなりません。

(2) 「地域」における存在意義

　それでは「特別支援学校は？」という話になると、実は「地域住民その他の関係者の理解を深める」ことが現実的にはなかなか困難であるという話をよく聞きます。そもそも特別支援学校における「地域」とはどのエリアを指すのでしょう。小中学校でいえばそれが学区を意味すると考えてよいでしょう。しかし特別支援学校になると時には高等学校より広い学区を持つ場合もあり、そこを数台のスクールバスで登下校に数時間をかけ、児童生徒を集めて回ります。

　また、小中学校であれば地域に住む多くの家族が子どもをその学校に通わせるなど、住民が何らかの形で学校とかかわりを持っているのに対し、特別支援学校には障害のある子どもだけが通ってくるわけですから、地域住民の多くが特別支援学校とかかわりがあるとはいえなくなります。わが子やわが孫が特別支援学校に通っている（通っていた）というケースは実際には少ないですよね。

　このように、特別支援学校はその特性ゆえに地域という概念がなかなか持ちづらく、学校を地域に理解してもらうということも難しかったように思いま

す。だからこそ以前は地域から敬遠されたり建設反対運動が起こったりもしました。残念な話です。学校側も子どもたちの「障害」をプライバシーと捉え、教員が学校の存在自体を特別なものと思い込み、積極的に地域とかかわろうとはしてこなかったようにも思います。

しかし時代は大きく変わりました。特別支援学校も当たり前ですが、地域の理解、協力なしには運営が難しくなってきています。何度も触れてきているように障害に対する社会的な誤解、偏見がいまだに根強く残っている地域もありますから、それらを解消するためにも、中心的な役割を担うべき特別支援学校の存在意義、重要性は高まっているのではないでしょうか。

もちろん「緑の森まつり」のように、子どもたちの様子を地域の皆さんに公開し、知ってもらい理解してもらうというアクションも重要です。しかし、「障害がある子どもたちの学校だから理解して」というような一方通行の押し付けだけではいけないように感じます。「特別支援学校ならでは」というような特性を利用し、特別支援学校の魅力やそこに秘められた「資源」などを十分に活用し、地域の皆さんに「あの学校がここにあって本当に良かった」と思っていただかなければ、心からの協力を得られることはないでしょう。

(3) 様々な取り組み

そのための取り組みがすでに各地で進められています。特別支援学校のバリアフリー設備を活用した学校主催の一般向けボランティア養成教室、作業学習で使用している施設設備を利用し、知識や技術のある教員が講師を務める「陶芸教室」「レザークラフト教室」、コンピューター室を活用した「パソコン入門教室」など。これらは長期休業（夏休みなど）中の子どもたちに使用されていない校舎を有効活用して実施しているところが多いようです。

また東日本大震災以降、地域の特別支援学校を「福祉避難所」に指定する自治体も増えているようです。よく考えればバリアフリー対応の建物で体育館や食堂、数多くの教室などがあり、高齢者や障害者の避難施設に使用する大型の建造物としては、各地に設置されている特別支援学校ほど適している場所はな

いでしょう。

　後段で詳しく触れますが、2007年（平成19年）の学校教育法の改正により、新たに特別支援学校には「センター機能」などと呼ばれる地域支援体制を設置する方向性が示されました（学校教育法第74条「特別支援学校においては、(…中略…) 幼稚園、小学校、中学校、高等学校又は中等教育学校の要請に応じて、(…中略…) 幼児、児童又は生徒の教育に関し必要な助言又は援助を行うよう努めるものとする」）。これは自校の児童生徒だけでなく、地域に住む幼稚園児から高校生まで（場合によっては乳幼児や成人も含む）障害に関する教育相談等に力を入れ、小中学校等や家庭を支援しなさいというものです。

　この法律により国内のほとんどの特別支援学校にツノダ先生のような特別支援教育コーディネーターが配置され、積極的に地域の特別支援教育や障害等に関する相談支援を行っています。この取り組みが始まり、特別支援学校の存在意義は確実に高まり「あってよかった」と思っていただくことが多くなったように感じます。

　ほかにも学校教育法第43条に示されていた「学校運営の状況に関する情報を積極的に提供する」方法としてウェブサイトで細かく情報を公開し、中には校長先生自らがブログの発信をしている学校があったり、あるいは「学校だより」を回覧板で地域に届けたり、また年に数回「学校公開」週間を設定して地域の方に自由に校内に出入りしてもらったり、というような取り組みを進めている学校も多くあります。

　これから何らかの形で特別支援学校に関係していきたい、そこで働きたいと望んでいる皆さんには、自分自身も特別支援学校の「広報官」の一人であるという自覚を持ち、「地域や社会に愛される特別支援学校の先生」を目指していただければと思います。

Chapter 3

知っておきたいあれこれ

1 保護者対応

Episode 15 「ジュンヤ君のお母さん」

　2月、高等部で入学検査が実施されました。緑の森特別支援学校があるこの県では、障害者手帳を有するなどの基本条件を満たした希望者はほぼ全員が高等部に入学できるので、それは「入学試験」とは呼ばずに「入学検査」と呼ばれています。

　その朝、中学部の生徒や他の中学校からの受検生が次々と緊張の面持ちで保護者とともに校門をくぐってきました。受験生担当の先生たちは、これもまた緊張の表情でそれを出迎えます。その中にはタナカ先生の顔も見えました。タナカ先生は、卒業生を送り出すと4月からは新1年生の担任になることが決まっていたのです。でもその顔は心なしかほかの先生たちよりもひときわ緊張しているように見えました。実は2ヶ月ほど前、コーディネーターのツノダ先生からこんなお願いをされていたのです。

　「緑の森中学校から一人、ジュンヤ君という受験生が来ます。ジュンヤ君は小学校低学年でインフルエンザにかかったのですが、その**合併症**(1)で髄膜炎になり、**後遺症**(1)から重い知的障害があります。ご両親はお子さんの障害がもとで離婚され、今はお母さんが一人でジュンヤ君を育てています。しかし、お母さんは彼の障害をなかなか受け容れられず、障害が残った後も普通学級での教育を希望し、特別支援教育をいっさい拒否してきました。お母さんはずっと教室に付き添ったそうです。中学1年生になったとき、ジュンヤ君が教室の中で大便を漏らしてしまい、お母さんは大きなショックを受け、それ以来、中学校には通わせませんでした。しかし、お父さんからの養育費が終わることになり、お母さんは働きに出る決心をし、ジュンヤ君をうちの学校に入れることを決めました。「タナカ先生、この母子は先生のように経験豊富なベテランでなければ担任は難しいと思っていま

す。ジュンヤ君親子をお願いできないでしょうか」。

　タナカ先生は、深々と頭を下げるツノダ先生の背中をぽんと叩き「わかりました。どこまでできるかわかりませんが、がんばってみます」と笑顔で答えました。こんな経緯もあり、タナカ先生は緊張の面持ちでジュンヤ君親子を待ちました。やがて険しい表情をした小柄なお母さんと高校生らしいジャケットに身を固めたジュンヤ君が現れました。先生は親子に駆け寄り「ジュンヤ君を担当する田中です」とあいさつをしました。

　しかしお母さんはほんの少し会釈を返しただけで、無言のままジュンヤ君の手を引っ張り受付に向かいました。慌ててタナカ先生はその背中を追いかけ「お母さん、ここから先は教員が付き添いますので、どうぞ保護者控え室でお待ちください」と伝えたのですが、お母さんは表情を硬くし「いえ、この子はわたしがいないとダメなんです。だからわたしが１日付き添います」ときっぱり言いました。

　タナカ先生とお母さんの間の雲行きが怪しくなろうとしたそのとき、待機していたツノダ先生が二人に割って入りました。お母さんは見知ったツノダ先生の登場で少し肩の力が緩んだようで、ツノダ先生の説得に対し「わかりました」と言い捨てて控え室へむかいました。この出会いの瞬間がタナカ先生とジュンヤ君のお母さんとのすべての始まりでした。

　その後もお母さんの厳しい注文は続きました。うちの子には普通高校と同じ教育をして欲しい、障害のある同級生と一緒の教室にしないで欲しい、作業学習なんかやめさせてくれなど。タナカ先生はそのたびに根気よくお母さんと向き合い、あきらめませんでした。

　先生はジュンヤ君の入学後、その前向きな変化を毎日、細かく連絡帳に記入し続けたお母さんの努力があるからこそジュンヤ君が成長していると伝え続けました。お母さんはそんなタナカ先生の連絡帳に返事を書くことなどなかったのですが、ある時期から「そうですか」「それは良かった」程度の記述をしてくれるようになって来ました。先生はその小さな変化を見逃しませんでした。

　２学期の終わり、保護者面談がありました。先生はお母さんに「いつも連絡帳の返事、ありがとうございます」と静かに伝えました。今までなら「なにが『ありがとうございます』ですか。わざとらしい」と吐き捨てられていたのですが、この日のお母さんはいつもとは様子が違い神妙な面持ちでした。

　ひとしきり学校の様子を伝え「ご家庭のご様子はいかがですか？」と話をお母さんに向けました。お母さんは黙って手元のハンドバッグの中から１枚の古い写真を取り出しました。それはもうボロボロになり、ラミネートフィルムを貼って、何とかちぎれるのを防いでいるといったような写真でした。

　そこには、青池小学校の入学式でご両親とその手にぶら下がるようにしてはにかむジュンヤ君の３人が笑顔で校門の前に並ぶ姿がありました。「この頃は本当に、幸せだったんです」とポツリとつぶやきました。「ジュンヤはお茶目で、よ

1. 保護者対応

くおもしろいことを言ってはわたしたちを笑わせてくれました」。お母さんは自分に言い聞かせるかのように淡々と話し続けました。

「インフルエンザにかかったとき、わたしがすぐに病院に連れていけば良かったんです。小さい頃から熱が出やすい子で、市販薬を飲んでしばらく寝ていれば治ることが多かったものですから……。でも夜中になって高熱が出て、けいれんがおきて……。すぐに救急車を呼んだのですが……」。お母さんの小さな肩が小刻みに震え始めました。「数日後、目をさましたときにはもう……」。薄暗くなった教室にお母さんのすすり泣く声が響きました。

「小学校の先生はジュンヤの様子を見て驚いていました。歩くのも不安定だし、言葉もうまく出ない。登校を再開したその日に校長室に呼ばれて、まるで追い出すかのように『特別支援学校に転校しなさい』って言われたんです。だから逆に、絶対に普通学校に居続けてやると思ったんです。そんな学校に復讐してやるとも」。

外はすっかり真っ暗になりました。時計の針も18時を回っています。「先生、わたしも本当は誰かに支えて欲しかったんです。世の中のすべてがわたしを責めているように感じて心を開けなかったんです。でもこの学校はわたしをひとりの母親として扱ってくれた。普通に、普通に扱ってくれた。ジュンヤも元気に明るくなりました。不登校だった頃、うつろな目でずっとテレビの幼児番組を見ていました。いまはうちに帰ると学校であった楽しいことを一生懸命伝えようとしてくれるんです。昔のようにわたしを笑わそうと……」。そこまで言って、お母さんはもう次の言葉が出なくなり、顔をハンカチで覆ってしまいました。

「お母さん。今まで本当に良くがんばってきましたね。辛かったでしょう。これからはもう一人じゃありませんよ。一緒に歩いていきましょう」。お母さんの手から古ぼけた写真がひらひらと床に落ちました。「この写真、もう持ち歩かなくて大丈夫そうです。アルバムの中で、しばらく休んでもらいます」。そっと拾い上げたお母さんはそうつぶやいて、バッグの中にしまいました。そのとき教室のスピーカーからハセガワ副校長先生の声が響いてきました。「**そろそろ玄関を閉めます**」。二人は静かに席を立ちました。

ジュンヤ君は今晩、どんな楽しい話をお母さんに教えるのだろう？　タナカ先生は窓のカーテンを閉めながら学校での今日1日のいろいろな出来事を思い出し、そっと蛍光灯のスイッチを切ってお母さんと一緒に教室を出ました……。

(1) 合併症・後遺症

様々な病気やケガの合併症あるいは後遺症として知的障害が発生する場合があります。脳や心臓の病気により脳の発育が遅れたり機能が一部失われたり、あるいは交通事故などで外部から強い刺激を受けて脳が損傷するというような原因からです。保護者の心情としては生まれつきの障害があるケースとはまた異なり、中途障害であることによる特別な感情が生じることが多いのです。

(2) 玄関を閉めます

昔「学校に遅くまで残って仕事をすることはよいこと」と思われているような時代がありました。それを「ちょうちん学校」などと呼んでもてはやすこともありました。教材作りのための自主的な（？）休日出勤を求められる学校もありました。ただ、遅くまで残って授業の準備などをするのならまだよいのですが、中には特に用事もないのに自分の教室にこうこうと明かりをともしてのんびりしている教員がいたのも事実です。

教員の仕事量が多いのも問題ですが、昨今では省エネルギーの観点、教員の健康管理の観点、世間体（公共施設である学校の窓に遅くまで明かりがともっている！　というような地域からのクレーム）などから、教育委員会や管理職はできるだけ遅くまで学校に残って仕事をしないように指導することが多くなっています。自治体によっては「残業をしない曜日」を決め、学校だけでなくすべての公的施設にそれを義務付けている場所もあります。

仕事を手際よく終えて早く帰ることはもちろんとても大切ですが、同時に教員の仕事量の軽減も必要です。難しいところです。だからといって児童生徒の個人情報を自宅に持ち帰って仕事をすることは原則禁止されています。大変な時代ですね……。

(1)「モンスター」なんかじゃない

世間では「モンスターペアレント」などという言葉がすっかり定着してしまいました。この言葉に定義があるのかどうかもわかりませんが、お子さんの教育に関して学校へのクレームを繰り返したり、教員を言葉で苦しめたりするような保護者を指すのでしょうか？

筆者は特別支援教育コーディネーターとして、長い間、様々な悩みを抱える保護者の皆さんと教育相談を繰り返してきました。そしてあるとき確信しました。「モンスター」なんて保護者はひとりもいないのだと。それは強がりでも何でもありません。エピソードの中のタナカ先生のように、いくら心を閉ざしてしまった保護者の方であろうと根気強く粘り強く、その心情を理解しながら寄り添っていけば必ずわかり合えるときがくると信じています。実際には、教員の対応にあまりにも激昂して校内に刃物を持ち込んだり、学級担任が信じられず授業中にいきなり教室に乱入してその様子をビデオ撮影しようとしたり、

担任の携帯電話に深夜数時間に渡って電話をかけ続けたりするような例が確かにありました。しかし、どんな保護者の方でも、じっくりと話を聞き、その真意を見極め、解決に向けて意見交換しながら一緒に考えていく姿勢を見せると落ち着き、自らの行為を省みる様子が見られるようになりました。

(2) 障害がある子どもの保護者心理

　特に障害があったり、特別支援教育を受けたりしているお子さんを持つ保護者の方々はお子さんの将来などに大きな不安を抱えることが多く、教員にはよりいっそうの丁寧な対応が必要であると考えます。それは何度も書いてきましたが、いまだに「障害」に対する根強い偏見が残り「特別支援教育」という言葉が正しく理解されていないがために起きる弊害です。社会全体にそのような弊害があるということはもちろん、保護者の皆さんでさえ正しくこれらを理解できていない場合が多く、自身のお子さんの現実に苦しみ、悩みを大きくしてしまっているというケースが少なくないのかもしれません。

　また実際に障害理解が進まない社会から受ける差別的な行為が保護者を苦しめるという例もあります。障害がある子どもを授かったとき、母親がその配偶者などの身内から「お前の責任だ」と責められ孤立してしまったり、地域の幼稚園や保育園への入園を断られたり、地域社会から特別な目で見られたりするようなことが減ってはいないのです。

　そんな悲しみの数々が障害がある子どもを持つ保護者を頑なにさせてしまうことは珍しくはありません。障害がある子どもが生まれるのは誰の責任でもありません。そもそも一人の子どもが生まれてくるのによかったとか悪かったとかいう世間の評価が付きまとうのはおかしいと思いませんか。誰もが周囲から祝福され、喜ばれて生まれてこなければいけないのだと思います。障害があるとかないとか、そんなことだけでその家族の人格や存在まで否定されるような社会は変えなくてはならないと、私は考えています。

　かけがえのない自分の子どもに対して理不尽な差別や偏見があったとしたら、保護者の悲しみはいかばかりでしょう。皆さんは経験はありませんか。何

かに対して不安や悩み、苦しみや悲しみが胸を覆ったとき、おいしいものもおいしいと感じることができず、おもしろいテレビ番組もおもしろいと感じることができず、趣味やレジャーに興じても心の闇を振り払うことができず、まったく楽しめない。そんな日々が何ヶ月も、何年も続くとしたらどんなに辛いことでしょう。場合によっては心を病んでしまってもおかしくはありません。

(3) 家族への支援

　特別支援教育に携わろうとする皆さんには、ぜひそのことを忘れずにいて欲しいのです。これは筆者が独りよがりで考えていることではありません。平成21年2月に文部科学省から出た「特別支援教育の更なる充実に向けて（審議の中間とりまとめ）〜早期からの教育支援の在り方について〜」という報告書には「障害のある子どもを支える家族に対する支援」という項目があり、そこには次のように書かれています。

　　「早期における教育相談を行うに当たっては、多くの保護者は我が子の障害に戸惑いを感じ、就学先の決定に対しても不安を抱いている時期であることから、このような保護者の気持ちを十分にくみ取り、保護者にとって身近な利用しやすい場所で安心して相談を受けられるよう工夫するなど、保護者の気持ちを大切にした教育相談を行うことが大切である」。

　これは子どもが小さなうちにできるだけ早く特別な支援が必要かどうかを明らかにし、早期に療育や教育をしていくことによって障害等の改善や克服により効果的であるという内容をまとめた報告書ですが、そこには、わが子の障害等を受け止められない保護者が多いので、関係者は誰もが丁寧に対応し、教育相談を充実させて欲しいと書かれています。
　文部科学省や都道府県教育委員会等も家族支援、保護者支援の重要性を認識しています。俗な言い方をすれば、保護者支援も「給料のうち」だと考えてください。これも教員の職務の一端なのです。10年も前に出会ったある小学校

の校長先生は「教員の仕事は子どもを教育すること。保護者の面倒まで見られない」と明言していましたが、時代は大きく変わりました。

(4) 学校は最も身近な相談場所

　保護者にとって「もっとも身近な利用しやすい相談場所」とはどこでしょう。それは学校以外に考えられないのではないでしょうか？　お子さんに関する相談を安心してできるのは、そのお子さんを良く知る学級担任であり、また特別支援教育コーディネーターかもしれません。時にはプライベートな悩みや告白を含め、保護者は自らを赤裸々に語り、答えを求めようとします。しかし中には答えを探しあぐねてしまう相談もあります。そんなとき、いい加減な回答をしたり「わかりません」「ほかへ相談してください」と切って捨ててしまうのでなく、ぜひこう答えてください。「今は答えが見つからないかもしれませんが、あきらめずに一緒に見つけましょう」と。

　この「一緒に」という言葉は教育相談のキーワードです。自分たちも含めて誰もがひとりで悩みを抱えてしまいがちですが、そんな時、目の前の頼れそうな人が「一緒に考えていこう」と声をかけてくれたらどんなに心強いことか。教員と保護者はどちらが上だとかどちらが専門家だなどという論争は不毛です。一人の子どものために「一緒に」歩んでいかなければなりません。

　往々にして教員は自分の考えを押し付けがちです。それは教員業が「教える仕事」だからなのでしょう。「教える」ことで糧を得ているわけですから、誰にでもどこででも教えたくなってしまいます。でも、もしあなたの前にお子さんのことで悩む家族が見えたら、まずは一生懸命話を聞いてください。聞くだけに徹してください。これを「傾聴」といいます。もし時間に制限が必要なら最初に相手に伝えましょう。「何時何十分までお話をお聞かせください」と。その間はタナカ先生のように、ただただ耳を傾けてください。信頼関係はそんなところから作られ始めます。

　相手が興奮しているときもあるでしょう。落ち込んでいるときもあるでしょう。それでも相手のペースに巻き込まれず、常に冷静に話を受け止めてくださ

い。怒り狂っている人を前にしてしまうとこちらが引いてしまったり、あるいは怒りに同調して腹が立ってきたりしてしまうものですが、それは一時のことです。そういう相手との対応方法も研修会等で磨いていくことが重要かもしれません。ただ、法を破ってしまう方がいれば、それは法で対抗せざるを得ないでしょう。行政暴力という用語がありますが、怒りが高じてしまって社会のルールを破り、学校に押しかけて暴れたり、言葉の暴力で教員の心を傷つけたりするような行為には毅然とした対応が必要です。できれば、そこまでこじれないうちに、ここまで述べたような方法で保護者としっかりした信頼関係を築き、言葉の行き違いが起きないような付き合いをお願いします。

(5) 保護者対応に必要な心構え

筆者が体験を踏まえ、保護者との関係作りで失敗しない、いくつかの心構えを紹介しておきます。

① 常に丁寧に対応する

これは別にいつも頭を低くしていわれたままにしろということではありません。電話のかけ方、言葉の使い方、連絡帳の書き方など社会常識に則って対応してくださいということです。教員には社会常識が欠如しているといわれることが時々あります。社会経験がなく教職につこうとする人がいるのなら特に気をつけてください。あなたが社会に出てサービスの受け手側になったとき、たとえば何かを買ったり公共交通機関を利用したりした際、どのような言葉に納得し、どのような対応に腹を立てたのか、覚えておいてください。保護者から大事なお子さんを預かる立場になるのです。その言動や行動が信頼に足るものでなくては保護者は安心して心を開けません。ぜひ勉強してみてください。

② 当たり前のことを当たり前に

子どもや保護者とした約束は決して破らないこと。「そんなことはありえないだろう」と思った方は危険です。教員はついつい忙しさにかまけて当たり前

のことを当たり前にできないことが往々にしてあるのです。

　面談の約束をしたのなら5分前にはその場所へ行って先に待っていること。自分が子どもだったとき「5分前行動」なんて習いませんでしたか。保護者から聞かれたことに対し「時間があるときに調べておきますよ」などと軽くいい、すっかり忘れてしまうなんてことも。長い時間培って作り上げた信頼もある一瞬の小さなことで崩れてしまうことは日常的によくあります。どんなに功績を残した政治家でも、ほんのちょっとした気のゆるみがスキャンダルの元となり、信頼を失ってしまいます。気をつけたいところです。

③　保護者にもわかりやすく具体的に

　子どもへの教育には「合わせた指導」の項目でも触れましたが「わかりやすく」「具体的に」が重要です。しかし、これは障害があるとかないとか、あるいは子どもか大人かなどといったことにもあまり関係がなく、誰にでも有効です。

　皆さんはたとえば「19741210」といった8桁の数字をただ覚えなさい、といわれたらどうやって覚えますか。意味のない数字をただ覚えるというのはとても難しい作業です。しかし、この問題を出したのがタナカ先生だとしたら、勝手に「タナカ先生の誕生日は1974年12月10日」と意味づけをすると比較的覚えやすくなるのではないでしょうか。

　保護者へのアプローチ、たとえば文字や言葉でコミュニケーションするときには、できるだけわかりやすく明確に、そして具体的に伝えることが大切です。それがあなたの誠意として受け止められることもあります。「大人なら口で言えばわかる」などと考えず、相手が誰であろうが「わかりやすく」「具体的に」対応してみてください。

④　正しい情報を正しく伝える

　保護者は教員ではありません（中には同業者の保護者がいる場合もありますが）。社会は学校に対して、学校がどのように経営されているのか、意思決定の仕組みはどうなっているのか、教員の職務の範囲はどうなっているのかなどについ

て知りません。社会にはマスコミからの情報だけで一方的な考えを持ちやすい傾向もあります。正しい情報を適切に伝えていってください。そうでないとお互いがお互いを誤解しながらより対立が鮮明になってしまうなんてことになりかねません。家庭の状況を詳しく聞くのが教育相談だとしたら、同じように学校の状況も教育相談の場で正しく保護者に伝えましょう。それが情報公開です。また保護者が知らないかもしれない障害等の専門的な情報、あるいは障害児者福祉の現状などもことあるごとに伝えていきましょう。PTA主催の研修会や「学校だより」を積極的に利用しましょう。

　家庭の協力なくして子どもの教育はできません。家庭側から考えても学校の協力なしに育児を進めていくことは難しいと思います。いくら学校で充実した教育をしようと考えても、学校だけの努力では土台無理な話です。学校の中だけであれができるようになった、これができるようになったと喜んだところで、家庭に戻ってそれを経験する機会が持てなければ、せっかく伸ばした力も水の泡です。学校で学び、家庭で経験し、それを地域で実際に生かす。そんな教育のサイクルが特別支援学校には特に必要とされている、そう感じます。

2 特別支援教育コーディネーター

Episode 16 「不登校のリョウイチ君と『ギンヤンマ』」

　緑の森特別支援学校の**校内放送**(1)で、ツノダ先生の名前が呼ばれました。急いで職員室へ戻ると、新しい教育相談の電話が入っていました。近くにある緑の森高校のコーディネーター、タカハシ先生からでした。「高校1年生のリョウイチ君についてなんですが……」。ツノダ先生はその名前を過去に知っていました。

　おそらく軽度の知的障害があり、地元の中学校に通っていた頃から**不登校**(2)傾向があったのですが、本人も保護者も「普通高校に行きたい！」と強く希望し、また知的障害者が持つ**療育手帳**(3)の申請を拒んでいたこともあって特別支援学校の入学条件を満たさず、結局定員割れしていたその高校に何とか合格したようです。

　しかしタカハシ先生の話によれば、やはり高校の授業にはほとんどついていけず、入学後からすぐに不登校気味になり、すでに2ヶ月が経ってしまったようです。このままでは高校の単位がとれず進級することは難しいかもしれない。タカ

ハシ先生はツノダ先生に協力を依頼しました。
　ツノダ先生は久しぶりにお母さんと面談をしました。「先生、やっぱり……わたしたちの選択が間違っていたんでしょうか？」。以前の頑なさは薄れ、そこには子どものことで心から悩んでいるひとりの母親の姿がありました。「でもね、先生。本人はただ自分がバカだから授業についていけないんだ、悪いのは自分自身だ、障害なんて関係ない、生きていても仕方がないなんて最近は言い出して。自分の部屋からもなかなか出てこなくなってしまったんです」。お母さんが涙声になりました。
　ツノダ先生は直接リョウイチ君と話がしたいと希望し、彼の家を訪れました。部屋に入るとむっとした空気が漂い、彼はゾンビを撃ち殺すテレビゲームを淡々と続けていました。ツノダ先生に顔を向けようともしません。カーテンが締め切られ、まだ明るい時間なのですが部屋の中は暗く、ゲームの画面だけが闇の中に浮かび上がっています。
　そこでツノダ先生は「ぼくにもやらせて！」といって半ば強引にゲームの銃を取り上げ、画面めがけて撃ち始めました。驚いたリョウイチ君でしたが、もっと驚いたのは先生がゲームがとっても上手なことでした。「学校の先生もゲームをやるんだ」。リョウイチ君にとっては新たな発見だったようです。
　そこから二人の話は盛り上がりました。最初はゲームの話ばかりでしたが、やがてリョウイチ君は高校で勉強ができないことをからかわれて辛かったことや、自分は何もできない人間で本当は生まれてこなかったほうが良かったんだ、などという気持ちまで教えてくれました。「それは辛かったねえ……」。ツノダ先生が心からそうつぶやいたとき、リョウイチ君の目が潤み始めました。
　「でもね、リョウイチ君。生まれてこないほうがいい人間なんてどこにもいないよ。君には君が進むべき道が必ずあるんだ。これから先生と一緒に、どこへ進むべきかを考えてみないかい？」。先生はそういって大きな手でリョウイチ君の背中をなでました。リョウイチ君はしゃくりあげながら、ようやく「ハイ」と小さく返事をしました。その後、リョウイチ君は一人で緑の森特別支援学校に面談のために通うようになり、そこで中学校時代の友だちを見つけたり、ほかの先生方から「よく来たね」とほめられたりして、少しずつ笑顔が戻ってきました。
　梅雨明けも間近な７月、ツノダ先生は元気を取り戻してきたリョウイチ君にひとつの提案を持ちかけました。「先生が知っている福祉施設でボランティアをしてみないか？」。リョウイチ君は少しポカンとして「ぼくでもボランティアができるんですか？」と聞き返しました。「そこはね、特別支援学校の小学生が夏休みに通う遊び場みたいなところなんだけどさ、君みたいに遊び上手な高校生はとても貴重な存在なんだ」。乗せ上手のツノダ先生の言葉に、思わずリョウイチ君は「ハイ」と返事をしてしまいました。
　８月の初め、太陽がじりじりと地面を焦がすような暑い日でした。ツノダ先生

と一緒にリョウイチ君は放課後等デイサービスの「ギンヤンマ」に出かけました。そして緑の森特別支援学校小学3年生のナオキ君という自閉症の男の子と1日一緒に遊ぶ、という「仕事」を任されました。

ナオキ君はテレビゲームが大好きです。「ギンヤンマ」で彼がどうしてもゴールまでたどり着けなかったゲームを、リョウイチ君がさらっとクリアしてしまったのを見て、ナオキ君はあっという間にリョウイチ君のとりこになりました。

午後は近くの公営プールに出かけることになりました。ナオキ君はもちろんプールも大好きで、リョウイチ君の手を握りながらも深いプールに飛び込もうとしたり、プールサイドを走り回ったりし、リョウイチ君をはらはらさせどおしでした。

夕方近くになり、プールから「ギンヤンマ」に帰る時間になりました。まだ遊びたりなそうなナオキ君でしたが、無理にでも着替えさせて、送迎の車に乗ろうとしたとき、リョウイチ君はトイレに行きたくなってナオキ君をスタッフのダイゴさんに預け、用を足しに行きました。すっきりして戻ってくると車の中からナオキ君が大泣きする声が聞こえてきました。そしてリョウイチ君が車に近づくと、ナオキ君が突然、扉を開けて全速力で走り寄り、リョウイチ君にむしゃぶりついたのです。リョウイチ君は何が起こったのかよくわからず、涙を自分のTシャツにこすり付けるナオキ君をただただ抱きしめるだけでした。

ナオキ君はリョウイチ君がいなくなってしまったと思って大泣きし、車を降りて探しにいこうとまでしたらしいのです。ナオキ君はようやく泣き止み、つぶらな瞳に涙をいっぱいためて、リョウイチ君を見上げました。リョウイチ君は涙が止まらなくなっていました。「ぼくを、こんなぼくを必要としてくれる人がいたんだ……」。

夏休みのうちにリョウイチ君は療育手帳を申請し、2学期からは生徒として緑の森特別支援学校に通うようになりました。高等部には「福祉コース」(4)といって、障害者や高齢者の介護の仕事を学べるコースがあり、そこに入ることにしたのです。自分を求めてくれる人がいる職場で働きたい。彼は強く決心し、福祉施設への就労を目標に毎日、学校を休むことなく通っています。

ときどき廊下でナオキ君と会うと、リョウイチ君と遊びたくてそばから離れなくなり、しまいには担任の先生に無理に引き離されて大暴れ、大泣きする彼の姿を見るのが少し辛いのですが、それでもたまに「ギンヤンマ」に行ってはお得意のゲームを披露して旧交を温めている二人でした……。

(1) 校内放送

　小中学校でももちろん校内放送はありましたよね。特別支援学校にも当たり前のようにあります。ただ、いろいろな特別支援学校を訪問して「あれ？」と思ったのは、授業中に「〜先生、お電話です」というような校内放送をながすことです。通常の学校で授業中に放送を流すのはよほどの緊急事態だけです。つつしんで欲しいですね。

(2) 不登校

　文部科学省は不登校を「何らかの心理的、情緒的、身体的あるいは社会的要因・背景により、登校しない、あるいはしたくともできない状況にあるため年間30日以上欠席した者のうち、病気や経済的な理由による者を除いたもの」と定義しています。

　病気や貧困が影響して学校を休んでも不登校にはなりません。多くの公立学校では出席簿で毎月の欠席者数を管理し、欠席理由が病気などではない場合は「事故欠席」とします。事故とは別に交通事故などを指すものではなく、何らかの事情でやむを得ず欠席することを指します。しかし「事故欠席」の中でも特に理由が明確でない欠席がトータルして年間30日を越えると不登校状態にあると数字上では認定されます。

　実は不登校の中には発達障害や知的障害、または「心の病」になった子どもたちがたくさんいるのではないかという指摘があります。たとえば、人付き合いの苦手な発達障害の子どもが周囲から適切な支援を受けられないまま学校へ行けなくなってしまう「二次障害（ある障害等が原因で二次的な課題が発生すること）」というような不登校も存在しているのではないかということです。

　もしそうだとしたら担任の先生が家庭訪問をしたり電話で励ましたりしても改善にはつながりません。特別支援教育的な対応（一人一人に障害病気の状態に適した対応）を取らなければいけません。不登校の背景に何があるのかを見極め、その原因に対して「一人一人に応じた」支援を行う、まさに特別支援教育の発想が不登校の解決に必要であると考えています。

(3) 療育手帳

　障害者手帳の中でも知的障害がある方に交付されるのが「療育手帳」です。自治体によっては通称が使われているところもあります。東京都は「愛の手帳」、埼玉県は「みどりの手帳」という具合です。障害の程度によって等級が分かれていますが、身体障害者手帳のような全国基準がなく、自治体によって様々です。「A判定、B判定」「1級、2級」など。その基準も自治体により様々で知能検査の結果、IQ75未満で障害認定するところ、70未満で認定するところなどがあります。

　千葉県では以下のようになっています。

表 3-1　障害程度の基準 （「千葉県療育手帳制度実施要綱」より作成）

障害程度		判定の基準
最重度	Ⓐ	知能指数がおおむね20以下の者で日常生活において常時の介助を必要とする程度の状態にある者。
重度	Aの1	知能指数がおおむね21以上35以下の者で日常生活において常時の介助を必要とする程度の状態にある者。

	Aの2	知能指数がおおむね36以上50以下の者で視覚障害、聴覚障害、肢体不自由を有し、身体障害者福祉法に基づく障害等級が1級、2級または3級の手帳を所持しており、日常生活において常時の介助を必要とする程度の状態にある者。
中度	Bの1	上記以外の者で、知能指数がおおむね36以上50以下の者で日常生活において介助を必要とする程度の状態にある者。
軽度	Bの2	知能指数がおおむね51以上75程度の者で日常生活において介助を必要とする程度の状態にある者。

　療育手帳が重要なのは特別支援学校への入学や特別支援学級への入級の条件となる場合があることです。特に知的障害特別支援学校へは「療育手帳または医師の診断書」があることを入学条件としているところが多いようです。ただ、小中学部であれば最終的には「校長の判断」で入学を決めることになるのですが、たとえば職業訓練に力を入れている高等部単独の特別支援学校は「療育手帳または医師の診断書」の提示を入学試験を受ける条件にしているところが多いので注意が必要です。

(4) 福祉コース

　職業教育に力を入れる高等部だけの特別支援学校には様々な職業を目指すコースが設置されています。最近では福祉や介護に関するコースが設置されているところが増えています。4人に1人が65歳以上という高齢社会が到来し介護する側の担い手が不足しています。ベッドメークや入浴介助など簡単な支援ならば十分に可能な生徒が多く、基礎的な介護の資格取得を目指すコースもあります。今後もこの業界での特別支援学校卒業生の労働力はさらに必要になっていくでしょう。

(1) コーディネーターの仕事

　何度か取り上げてきた学校教育法第74条では、特別支援学校が地域の小中学校等の特別支援教育を支援することが求められています。その中心となるのが特別支援教育コーディネーターです。コーディネーターについてはここまでの注釈でも取り上げましたが、主に「地域支援部」などと呼ばれる部署のリーダーとして活動しています。

　障害があるお子さんの子育てで悩む保護者、また彼らが通う小中学校等の教員から相談を受け、依頼に応じて知能検査をしたり、就学や進路に関するアドバイスをしたり、特別支援教育の方法や内容について一緒に考えたりする仕事をしています。国立特別支援教育総合研究所が発行した「特別支援教育コーディネーター実践ガイド」ではコーディネーターについて「保護者や関係機関に対する学校の窓口として、また、学校内の関係者や福祉、医療等の関係機関と

の連絡調整役としての役割を担う者」であると説明されています。
　具体的には以下のような仕事を行います。

　①　保護者の相談窓口
　自校のみならず地域の小中学校等の保護者が特別支援教育に関する悩みや相談を抱えている場合、相談窓口として対応します。
　②　校内外の教員の相談窓口
　自分の学校だけでなく、地域の小中学校等の教員からの特別支援教育に関する指導方法や内容について相談を受け付けます。
　③　校内外の関係者との調整
　一人の子どもについてかかわりを持つ教育、医療、福祉の関係者、また保護者を集め「ケース会議」と呼ばれるような情報交換の場などを持つときにその企画運営の中心的な役割を担います。また子どものサポートに必要な場合、医師や福祉関係者などと積極的に連絡を取り合い、多方面から同じスタンスでの支援ができるよう連絡・調整を行うなどします。
　④　ネットワークの構築
　たとえば「〜市特別支援教育推進ネットワーク」のようなものを立ち上げる際、地元の教育委員会などと連携しながらその構築に尽力します。
　⑤　教育的支援の充実
　小中学校等に特別支援学校の教材教具を貸し出したり、個別の指導計画の作成方法を指導したり、あるいはそれらの学校を巡回し教職員への理解啓発のための研修会を実施したりするなど、地域全体の特別支援教育のスキルアップに貢献します。
　これらはあくまでも特別支援学校にいるコーディネーターの役割です。今は小中学校や高校にも特別支援教育コーディネーターが配置されるようになりましたが、それらはどちらかといえば「校内調整」がメインの仕事になっています。自校の保護者の相談窓口、自校の子どもに関する連絡調整などが中心です。特別支援学校のコーディネーターには専門性など様々な能力の高さが要求

され、小中学校等のコーディネーターのバックアップをしながら地域全体の力量の底上げを図ることが使命のひとつになっています。

(2) コーディネーターの資質

　さて、では特別支援学校のコーディネーターに求められる資質とはどのようなものでしょう。前記の①〜⑤を踏まえれば次のようなことが挙げられます。

・高いカウンセリング技能と豊かなカウンセリングマインド
　深い悩みや苦しみを背負った保護者や子どもの教育に関してどうしたらよいのかがわからず混乱している教職員などと粘り強く、根気強く話し合い、助言し支えていく仕事ですので、これが最も必要な資質かもしれません。また直接子どもと接することも多いので、寄り添いながら本音を引き出せるような技術も必要でしょう。その笑顔や語り口が、相談者に安心感を与えられるカウンセリングマインドも重要です。

・障害、特別支援教育に関する専門性
　個別の指導計画・個別の教育支援計画などの作成を指導できるくらいの専門性が必要です。また小中学校等の教職員に特別支援教育に関する知識をわかりやすく伝える技術もなくてはなりません。

・発達検査等に関する技能と分析力を含めた総合的なアセスメント(実態把握)力
　アセスメントの依頼が結構あります。児童生徒に対するアセスメントとは、知能検査を含む様々な心理検査や行動観察、保護者からの聞き取りなど様々な情報を総合して、発達段階や行動特性を推測することをいいます。
　知能検査等の実施やその結果の出し方程度なら小中学校等にも理解している教員はいるかもしれませんが、子どもの行動・特性などをあわせ検査結果を用いながらアセスメントを行い、問題行動等の背景を探り出すには高い専門性が必要です。

・実際の教育的指導力
　たとえば小中学校等の通常学級にいる発達障害傾向の児童生徒に、どのよう

な手立てを講じて学習を指導していくかといった点で具体的な助言ができなければなりません。場合によっては授業の見本が行えるくらいの力量が必要でしょう。

・情報収集・活用能力

　地域のどこにどういう関係機関があり、それはどういうことに専門性を持っているというような情報を確保しておく必要があります。同じ「相談センター」でもそこの職員によっては得意、不得意とする分野が異なる場合がありますので、細かい情報もチェックしておきます。そして、地域からの相談ではそのような関係機関をただ紹介するだけでなく、相談者の了解を得て自らがまず先方に連絡を入れ、事情を話しておくと相談者は安心できるでしょう。

・交渉力

　まだまだ小中学校等で「障害」「特別支援教育」が正しく理解されているとはいえない現状があります。そのような学校の管理職に対しても粘り強く、だからといって押し付けがましくなく、先方の事情を十分に考慮した上で理解を求めていけるような総合的な交渉力が必要になります。

・人間関係調整力

　基本的にコーディネーターは、あまりよい響きではありませんが「八方美人」でよいと思っています。誰とでも基本的には等距離で接し、一方的な肩入れはあまりしないほうが良いということです。

　たとえば相手が保護者であろうと教員であろうと、相談を持ちかけてくる者の話の内容はまず5割引くらいで受け止めたほうが良いでしょう。悩んでいる方は特に主観でものを語る傾向があるので、しっかり話に耳を傾けながらも、その言葉に左右されて「そんなに学級担任はひどいのか」「それは明らかに保護者がおかしい」などと決め付けないようにしないといけません。

　客観的な事実を積み重ね、相談者からの情報なども合わせてコーディネーター自身が結論を推論するような取り組みが必要です。そのために多くの人に信頼され、それらを調整していくような力があると良いでしょう。

・企画・運営に関する実行力

「〜市特別支援教育ネットワーク」を構築したり、研修会を企画したり、あるいは学校公開の場で相談会を企画したりするなど、プロデューサー的な能力もあったほうがよいでしょう。

筆者がコーディネーターの資質として特に重視しているのは「粘り強くあること」「根気強くあること」です。第三者の悩みを受け止めるという仕事は将来これを目指す皆さんには魅力的に感じられるかもしれませんが、これは実にしんどい仕事です。場合によっては家庭自体が疲弊し、お子さんの問題行動でも悩み、八方塞がりで何をどうして良いかわからない保護者の方の話を数時間に渡って傾聴することもあります。相談者を何とか良い方向へ導いていくためには、それは重要なプロセスであり、そこから解決への糸口が見つかることも多いのですが、精神的に大変な作業です。

常に自分自身のストレスコントロールも行いながら、精神力を高め、ちょっとやそっとのことでは動じないくらいの人間性が必要になると思います。ただ、これはコーディネーターに限らず、特別支援学校の教員には誰にでも必要な力だと思います。障害がある子どもを自立させ、社会参加させていくためには、長い目で少しずつの進歩を余裕を持って見守ることができるような人間性がなければ務まらない仕事です。

(3) 幅広い視野

エピソードの中のツノダ先生はリョウイチ君に福祉施設でのボランティアを紹介して課題解決を試みていましたが、それ以外にも筆者は高校へ通う気力がなくなった少年に好きな楽器演奏から社会にかかわろうとする力を再生させようと知り合いのロックバンドの協力を求めたり、不登校傾向の小学生と「トレーディングカード」の話題を通じて仲良くなったりという経験もしてきました。コーディネーターは、このように教育の世界だけでなく広く社会一般に関する基本的な知識などもあったほうがよいかもしれません。

教育現場にいた頃は後輩に、また大学の教壇に上がってからは学生に常に伝えていることは、コーディネーターに限らずすべての教員は「社会に幅広く関心を持たなければならない」ということです。小さな子どもと付き合うのなら、今彼らの中でどんな遊びが流行していてどんなテレビ番組が人気なのか、テレビゲームは何が人気なのかを知っていたほうが良いだろうし、少し年齢が高い子どもと付き合うなら人気アイドルグループの歌やダンスを一緒に楽しんだり、イケメンJリーガーの顔と名前が一致したりするほうが良いでしょう。

　ある高校の研修会で「今年の流行語大賞は何ですか？」と先生方に尋ねたところ、どなたもまったくご存知なかったのは少しショックでした。教員として「深く狭く」知識や専門性を高める必要があることは言うまでもありませんが、それとともに「浅く広く」社会の様々な基本情報に長けていて、子どもや保護者、関係機関など様々な人との交流の場で、先方の興味関心に沿った対応が少しでもできると、信頼関係がより早期に構築できるかもしれません。

(4) 目指せ！　コーディネーター

　さて、個人的な見方になるかもしれませんが、それまでやや閉鎖的な感があった旧・養護学校は2007年に特別支援学校と名前を変え、地域への支援という新しい使命が与えられてから、その存在価値が非常に高くなったのではないかと考えています。文部科学省の最新の調査（2012年）ではLD（学習障害）やADHD（注意欠陥多動性障害）、自閉症スペクトラム障害などの発達障害傾向がある児童生徒が小中学校に6.5%いるという結果が出ています。小中学校等ではこれらの児童生徒に対しての対処法がわからず、特別支援学校に相談や支援を持ちかけてくることがとても多くなっています。今はおそらく特別支援学校のサポートなくしてはやっていけない小中学校も多いのではないでしょうか。

　その新たな「顔」になっているのがコーディネーターであるといっても過言ではないでしょう。だからこそ彼らに望まれるのは専門性や指導技術の高さ、総合的な人間力の高さなのです。ぜひ多くの方々に「将来、コーディネーターになりたい！」と夢を持っていただき、そのためにもいまから専門性を高めて

いけるような研鑽を積んでいって欲しいと願っています。

3 放課後等デイサービス

Episode 17 「ダイゴさんの思い出」

　放課後等デイサービス「ギンヤンマ」は元特別支援学校の先生をしていたダイゴさんが、同僚だったツノダ先生やカゲウラ先生の協力を受け、緑の森特別支援学校に子どもを通わせていたお母さんたちと一緒に数年前に立ち上げた施設です。

　今では法律でも認められていて、国や自治体からの利用料補助もあり、経営は順調になっているのですが、設立するまで、あるいはその直後の経営は、ダイゴさんに言わせれば「筆舌に尽くしがたい」苦労があったそうです。

　お母さんたちは、学校から帰った放課後や日曜などの休日、また長い夏休みなどに家庭からなかなか遊びに出られない子どもたちを目の前にし「うちの子たちを安心して遊ばせられるような場所はないだろうか」といつも悩んでいました。当時の法律や制度では特別支援学校の児童生徒を一時的に預かるようなデイサービスを設置することは難しく、また地域の「学童保育」にも障害があるがゆえの様々な事情があって通えないことも多く、学校のない日のほとんどは家の中にいるしかないのが子どもたちの現状でした。そんな話を聞いていたダイゴさんが立ち上がり、教員を辞めて作ったのが「ギンヤンマ」でした。

　でも法律や制度がないわけですから、初めのころはボランティアだけで子どもの世話をしたり、お母さんたちが交代で手伝いに入ったりするなど、苦労の連続でした。運営費も少なく、地域の理解ある方に頭を下げて廃屋のようになっていた古民家を安い家賃で貸してもらい、お父さんやお母さんと協力してバリアフリーに作り変えました。その後、ダイゴさんなどが運動し、市町村や県から補助金がもらえるようになり、現在では国にも制度ができたのですが、ここに至るまでには10年以上の歳月を要したのです。

　「ギンヤンマ」での生活を通じ、言葉が増えたり、トイレに一人で行けるようになったりする子どもが出てきました。お母さんたちは、子どもたちが夕方6時までそこで遊んだり勉強したりできるので、日中は働きに出たり、空いた時間をほかのきょうだいの世話に当てたりと有意義に過ごすことができるようになりました。「ギンヤンマ」の誕生が、家庭全体に笑顔を増やす結果につながったのです。

　ダイゴさんは、今でも辛いときには「ギンヤンマ」を設立したころのある出来事を思い出します。「ギンヤンマ」の常連である中学生のミサコさんに関する思い出です。

ミサコさんは知的障害を持って生まれました。そのことが原因でミサコさんのお父さん(1)は強いショックを受け、家庭を顧みなくなりました。ミサコさんの育児にかかりっきりになるお母さんは何度もお父さんの協力を求めましたが、毎晩酔って帰るお父さんは、お母さんに暴力まで振るい始めたようです。お母さんは一時、離婚まで考えたのですが、当時の制度では離婚して母子家庭になるとミサコさんを入所施設に預けるほかなく、娘と離れて暮らすことを考えられなかったお母さんは、お父さんの暴力に耐えながらも、なんとかミサコさんを手元で育てようと決めました。
　そこへ飛び込んできた「ギンヤンマ」の設立運動です。「ミサコを『ギンヤンマ』に預ければ働きながらミサコと一緒に生活できるかもしれない」。お母さんはそう考え、運動に加わりました。「ギンヤンマ」はそんな人々の献身的な努力で、何とか徐々に形が整い、半年後に開所を迎えました。
　それから数日が過ぎたある夜、ミサコさんのお母さんから電話がありました。「先生、今日、主人と離婚が成立しました」。お母さんは涙声でした。「主人も娘の障害に彼なりに悩んでいたんだと思います。それが理解できなかったわたしにも責任があったと思います。主人は泣きながら、すまなかったと謝ってくれました。娘と二人、新しい人生を歩んでいきます。妻や母という立場でなく、一人の女性としても自立を目指します。ダイゴ先生、本当に、本当にありがとうございます」。
　「ギンヤンマ」は子どもや家庭だけでなく、お母さんたちの「女性の自立」というテーマさえ可能にした、ダイゴさんはそう思いました。だからこそ、なおさらこの施設をよりいっそう盛り上げていきたいと心に誓った夜でした。
　そして今日もまた、たくさんの子どもたちを乗せたワゴン車が到着しました。ダイゴさんは大きな声で「おかえりー！」と急ぎ足で玄関に向かいました。

(1) ミサコさんのお父さん

　子どもや奥さんへの暴力は許せません。実際にそんな相談がいくつかありました。ただ、障害がある子どもを持った父親がなぜそうしてしまうのか。そのあたりの心情を理解しなければ、今後もそのような悲劇は繰り返されるばかりでしょう。お父さんも社会の誤解や理不尽な偏見に悩み苦しんでいるのかもしれません。

　本書では保護者支援としてお母さんを支えることを中心に書いてきましたが、父親を始めそのきょうだい、祖父母などの気持ちにも共感し、寄り添っていかなければならないと思います。障害のあるなしにかかわらずすべての子どもたちの誕生がその家族や親類から喜ばれ、尊ばれるような社会にしなければ、身近な人たちの苦悩は減りません。

　筆者は放課後等デイサービスを主にお母さんたちと協働して立ち上げましたが、その後、卒業後の進路先の一つとして福祉作業所を立ち上げる際にはお父さんたちが協力してくれ、設立に向けがんばってくれました。お父さんたちのすごいところは、いざ動き出したあとのパワーです。それぞれの専門性を生かしながら怒濤のごとく目標目指して突っ走る姿はさすがでした！

（1）放課後等デイサービスとは

　放課後等デイサービス（以下「放課後デイ」と略す）とはわかりやすく言えば「障害がある子どもたちの学童保育」です。「学童保育」は通称であり、制度的には放課後児童クラブと呼ばれていますが、主に日中、家庭に保護者がいない小学生（利用できるのは自治体によって6年生までだったり3年生までだったりします）を預かり、遊びや勉強などができる環境を提供する児童福祉サービスです。父母が共働きの家庭や単親家庭の子どもたちなどが利用していますが、最近では文部科学省の「放課後子ども教室」という事業の中で、利用条件をつけずに放課後の子どもの遊び場を保障する取り組みが始まり、小学校と「学童保育」が連携して子どもたちの社会教育を充実させようとする動きが進んでいます。

　しかし、昨今でこそ「学童保育」に障害がある子どもが入るケースは増えてきていますが、1990年代まではまだまだそれは珍しいケースに限られていました。特に当時の「養護学校」に通っていた子どもたちを預かるところは少なく、ほとんどの障害児は毎日が家庭と学校の往復になりがちで「地域で友だちと遊ぶ」という経験ができない状態にありました。

　そこに問題を感じた先駆者たちが、東京や埼玉、京都などで「障害がある子

図3-1　障害児放課後クラブ「あかとんぼ」(1998年)

どものための学童保育」作り運動を始め、東京では70年代後半、他でも80年代に入ってから「障害児学童保育」と呼ばれる活動が少しずつですが広がり始めていました。筆者は「養護学校」の教員として勤務していた際、保護者から子どもたちの学校以外の場での生活内容の貧弱な様子を聞かされ、またそのためにかかる家庭への負担、育児の負担につぶされそうになっている保護者の悩みを知り、仲間と協力して千葉県でも同様の取り組みを始めることにしました。

　もちろん現役の教育公務員でしたので、活動は勤務時間外（アフター5や休日）に限られ、報酬も一切求めないものでした。同じ志を持つ教員仲間や保護者と、まさに汗と涙の準備期間を経て、千葉県で初めての「障害児放課後クラブ」（当時、自分たちで命名した通称）を作ることができました。

　それから10数年、今では厚生労働省が認めるれっきとした福祉事業として放課後デイが社会的に位置づけられ、多くの子ども、家庭が笑顔で利用していることと思います。ちなみに2001年6月の民間団体の調査では「障害児学童保育」が全国130ヶ所、3,082名の利用者が確認されていましたが、2012年3月現在、厚生労働省の資料によれば放課後デイは全国3,115ヶ所、54,819名にまで数が拡大しています。

(2) 放課後デイの目的と役割

　そもそも筆者や仲間の教員が最も危機感を持ったのは「障害がある子どもの

地域教育、社会教育の場が少なすぎる」ことでした。学校では充実した（と自分ではもちろん信じていました！）障害児教育を通じて子どもたちに様々な力を付けているわけですが、その力を生かす場がない、ということです。

　あるとき、受け持っていた子どもの連絡帳に「今日は給食後の歯磨きがとても上手でした。ぜひご家庭でもほめてあげてください」と書いたところ、翌日のお母さんからの返事に「家庭でやらせてみたのですが一人ではできませんでした。私のやり方がへたなのですね。申し訳ありません」と書いてあり、「ああ、まずかったなあ」と深く反省したことを思い出します。学校で教員が子どもと接している時間はその子どものその教育だけに集中できますが、家庭ではそうはいきません。お母さんにはほかにやることがたくさんあります。そんなことも考えず、不用意に「家庭でも」なんて書いてしまった自分が間違っていました。

　このような経験から「家庭以外に子どもたちが社会生活を実際に経験する場が必要」と考えたのです。学校で学び、地域で生かし、家庭で安らぐ。そんなサイクルが生活の中に確立されれば子どもの力も伸びるのと同時に、学校でためたストレスを家庭で発散していた子どもたちは、地域（放課後デイ）でのびのびと遊ぶことによってストレスを発散でき、家庭では家族そろって安心して生活できるようになるのではないか、そう考えたのです。学校、地域、家庭が連携し、協力し、一人の子どもを様々な観点から、それぞれの役割に従って育てていく。それが最も理想的な「教育」であると思いました。

(3) 放課後デイと学校等の連携

　実際に「障害児放課後クラブ」へ通うようになった子どもたちはそれぞれが好きな遊びに興じ、友だち同士で協力したり、けんかをしたりするなど育みあい、中には言葉が増えたり「ごっこ遊び」ができるようになったりしたケースもありました。

　そこで筆者は、さらに学校教育と連動した療育ができないかと考え、教員と「障害児放課後クラブ」の職員が当時試行的に運用が開始されていた個別の教

育支援計画を共同で作成する、というスタイルを作り、効果を上げました。たとえば学校で使用している自閉症児へのコミュニケーションツールを「障害児放課後クラブ」で共有したり、学校で行っている身体のトレーニング的な要素を同クラブでも取り入れたりするなどです。もちろん日々の健康管理などの情報の共有も図り、家庭との連絡を密にしながら三者が一体となって子どもを育てる取り組みをスタートさせました。

今ではもう珍しいことではないかもしれませんが、おそらく学校と放課後デイが「教育」という観点で具体的な連携を行った例はそれが初めてだったのではないでしょうか。「学校の教員が保護者と作った施設」だからこその特徴だったのかもしれません。

2012年（平成24年）4月に文部科学省と厚生労働省が連名で出した通知文書「児童福祉法等の改正による教育と福祉の連携の一層の推進について」には次のように書かれています。

　「放課後等デイサービスの利用は、学校教育との時間的な連続性があることから、特別支援学校等における教育課程と放課後等デイサービス事業所における支援内容との一貫性を確保するとともにそれぞれの役割分担が重要です。個々の障害児のニーズを踏まえた放課後等の過ごし方について、特別支援学校等と放課後等デイサービス事業所、保護者等との間で十分に協議するなど必要な連携を図るようお願いします」。

20世紀の後半に動き始めた「障害児学童保育」「障害児放課後クラブ」の先駆者たちが、各地で自助努力の中で取り組んできた活動の効果を、国が認めたといっても過言ではないでしょう。学校と家庭の往復だけだった子どもたちの生活に「第三の場」を提供したことによって、子どもの成長だけでなく家族にも笑顔が増え、学校も特別支援教育の成果効果を地域で実証する場を得たことになります。

（4）放課後デイの課題

　ただ、残念ながらこのような文書が国から出るということは、実際にはなかなか連携が進んでいないのではないかというようにも読み取れます。

　学校の中には放課後デイの意義や重要性に注目せず、今も積極的に情報を交換し合うような関係を求めていないようなところがあります。また放課後等デイサービス側も、少数ではありますが事業者自身がその意義への自覚に欠けていたり、人員不足や危機管理体制の未整備などがあったりすることから、人権侵害まがいの行為（子どもを狭い部屋にただ閉じ込めておく等の虐待的行為）、事業所内での事故などの事案が発生しているようです。

　筆者が「障害児放課後クラブ」を立ち上げる運動をしていた頃の話です。活動への補助をお願いしにある自治体の役所を訪ねたところ、担当者が言いました。「障害児の面倒をみるのは母親の仕事だろう」。

　高齢の母親が目を真っ赤にしながら答えた言葉を今でもよく覚えています。

　「子どもは中学生だが障害が重く一人ではできないことが多い。子どもを愛していないわけではない。かわいくて仕方がない。でも、障害のない中学生の母親は育児から解放され、自分の時間を持ち、一人の人間として充実した日々を過ごしている。私たち障害児の母親にはそんな時間を持つことさえ許されないのだろうか。中学生になっても、高校生になっても、自分より一回りも二回りも大きくなった息子の手を引いて外出させ、遊び相手を続けなければならないのか」。

　そんな母親たちの心の叫びを「養護学校」の教員はしっかり受け止め、「障害児放課後クラブ」の苦しい運営を助けていました。そこで働く職員は薄給の中、子どもや母親の笑顔をもっともっと増やそうと一生懸命でした。そして母親たちも、地元で開催される各地域の行事に出かけては、バザーで運営費を稼ぎ、汗だくになってクラブを支えていました。今、同じ取り組みに携わっている方々に、あのときの苦労や努力に共感をして欲しいと思います。

学校、家庭、事業者でぜひ、膝をつきあわせて話し合ってみてください。そして、国レベルで「特別支援学校等と放課後等デイサービス事業所、保護者等との間で十分に協議するなど必要な連携を図るよう」にという方針が出ている以上、特別支援学校や放課後デイを管理する各都道府県教育委員会・障害福祉関係課は「連携推進室」のようなものを設置してはどうでしょう。関係者、関係行政の横のつながりが、子どもたちにとっていっそうの利益になるような方向性を示していただきたいと願っています。

Chapter 4

特別支援学校の教員に求められているもの

1 教育公務員として

Episode 18 「頑張り屋のコバヤカワ先生」

　コバヤカワ先生は今年、緑の森特別支援学校の高等部2年生の副担任になりました。2年前にお子さんを出産し、しばらく育児休暇をとってから復職したのです。
　彼女のクラスには人一倍大柄なヨウコさんがいました。コミュニケーションをとることができず、**トイレも食事もひとりで行うのは難**しい(1)生徒です。
　ヨウコさんは給食の時間、ほかの友だちの皿から手づかみで食べ物をとろうとするので、それを阻止することもコバヤカワ先生の仕事のひとつでした。先生はそのたびに「あなたは自分の食べる分も減らさないと太って動けなくなるよ！」といってヨウコさんの手を押さえ、こわい表情でにらむことが何度もありました。
　コバヤカワ先生は夏休みの家庭訪問でヨウコさんの保護者に「食事を減らしましょう」と提案するつもりでした。「だって先生、これ以上食べさせると太りすぎて病気になってしまいますよ。たぶん家の中では本人が望むだけ食べさせているんですよ」。コバヤカワ先生は同じクラスを受け持つタナカ先生にそう提案したのですが、タナカ先生は困ったような笑顔を浮かべるばかりでした。コバヤカワ先生にはそれが納得できません。
　8月初めの暑い朝でした。学校で待ち合わせた二人はハセガワ副校長先生に**出張する許可**(2)をもらい、タナカ先生の車に同乗する形で出かけました。車内でコバヤカワ先生は「今日こそ言ってやるんです！」と厳しい表情を崩しませんでした。
　ヨウコさんの家に着きました。里山が近い古びた一軒家です。お母さんはヨウコさんの手を握りながら笑顔で出迎えてくれました。「先生、暑い中を本当に本当にありがとうございます」。日に焼けた顔に深いしわが刻まれています。ヨウコさんはお母さんが40代後半に入ってから生まれました。だからお母さんはもう60歳を超えた年齢です。

玄関先で動き回るヨウコさんに「ごめんなさい、先生。今静かにさせますので」といってお母さんは手元にあったポテトチップスの大袋をヨウコさんに渡しました。ヨウコさんはうれしそうに、そして器用に袋を開け、ポテトチップスをパリパリとおいしそうに食べ始めました。それからお母さんは先生を家の奥に案内しました。
　昔ながらの古い、農家のようなつくりの屋内は荒れ果てていました。壁にはところどころ穴が開いていました。3人は玄関横の和室に入り、畳の上に座りました。コバヤカワ先生は室内の様子に圧倒され、息を呑んでいると、お母さんが静かに話し出しました。
　「ヨウコが小学生くらいまではね、がんばって一緒に遊んでもあげていたんだけど、年には勝てないよねえ。旦那もわたしも、60を過ぎてしまってもう遊び相手にもなれなくて。可愛いがるったっておいしいもんを食わすしかなくて。ヨウコはね、食べてるときはおとなしいし可愛いんですよ。そんな笑顔も見たいからね。暴れると手が付けられねえんだけど、だからね、どんどん食べさせちまって。夫婦の食いもんを減らしてでも何か食べさせてやるんですよ」。
　お母さんはそういって玄関先でポテトチップスをほおばるヨウコさんを見つめていました。「わたしも時間があるときにはパートに出てさ、何とか生活してんだけど、二人合わせても月々の稼ぎはいくらにもならないからねえ。そんなに仕事も休めないもんだから本当に迷惑かけてしまって」。お母さんはそっと立ち上がり、青のりで汚れたヨウコさんの口元を腰の手ぬぐいで拭き取りに行きました。
　小1時間ほどで家庭訪問を終えたのですが、まだ昼前だったにもかかわらずお菓子でおなかが膨れたヨウコさんは廊下で大の字になりいびきをかいて寝入っていました。「やれやれ、こんな格好ですまないねえ、先生」。お母さんは腰の手ぬぐいをヨウコさんのおなかにそっとかけ、二人を玄関まで見送りました。「こんな子でもわたしたちにとっちゃかわいくて仕方がない、宝物なんだよ」。そして最後に「でも旦那もわたしも死んじまったら、この子はどうなるんだろうねえ……」と誰にともなくつぶやいたのでした。
　帰りの車中でタナカ先生がまだ黙っていたコバヤカワ先生に言いました。「あんなにはりきってたのに、どうしたの？」。コバヤカワ先生は唇をかみ締めながら、聞こえないような小さな声でつぶやきました。「だって、だってあんな」。
　「お母さんもお父さんも一生懸命、ヨウコさんを育てているんだよ。確かに食べさせすぎるのは良くないけどね。その裏には高齢のご両親なりの愛情があるのさ。そこらへんはね、これからゆっくり話し合っていけばいいんじゃないかな。それにね、ボクたちは給料も権利も保障された公務員だから、そんな生活に慣れてしまうとどうしても自分たちを基準にして考えてしまいがちなんだけど、世の中にはどんなに働いても食べていくのがやっとの家がまだまだ多いんだよ」。
　「わたし、間違っていました」。「いや、先生は間違ってなんかいないよ。子ど

もの健康を心配するのは教師の仕事だし、保護者に伝えるべきことは伝えないといけないと思うよ」。「いや、違うんです。だって、だって……」。コバヤカワ先生は唇をかみ締めながらそうつぶやくと、涙をぽろぽろとこぼし始めました。

　タナカ先生はもうあえて何も言いませんでした。ただ、心の中で自分自身だけに言い聞かせました。「みんな、誰だってみんな、一生懸命生きているんだ。子どもたちも、お父さんも、お母さんも。そしてボクたちも。誰もが一生懸命生きている。それで、いいよね」。

　遠くの赤い三角屋根から陽炎が立ち上っている緑の森特別支援学校が、少しかすんで見えたタナカ先生でした。

(1) トイレも食事も一人で行うのは難しい

　排泄の介助は特別支援学校でも重要な仕事のひとつです。そして子どもによってはできる限り自分の力で排泄処理ができるよう育てていくことも指導面での大きな目標の一つです。排泄処理の能力は様々です。オムツをしてその処理をすべて教員が行う子、便器に座らせて自力で排泄しその処理を教員が手伝う子、トイレのタイミングを計りながら便器の前に連れて行くとあとは自分でできる子、ほとんど一人でトイレに行くことができる子など。汚いなどと感じるのはきっと最初の頃だけです。出たり出なかったりに一喜一憂するようになったら本物の教員です。トイレトレーニングの結果、目標を達成できたときの子どもの笑顔が素晴らしいですよ。

(2) 出張する許可

　学校で働くということは組織で働くということであって、それは民間企業でも公共機関でも変わりはありません。基本的にはどんな組織でもそこにあるルールに則り、上司の指示に従い、場合によっては自分で判断しながら仕事を進めるのですが、いずれにせよ職場では「報告」「連絡」「相談」を欠かしてはいけません。よく聞きますよね。「ホウ・レン・ソウ」です。

　教員が職場を離れるときには必ず上司、多くの場合、副校長先生や教頭先生ですが、必ず許可を得なければなりません。そして職場に戻ったときにも同じく報告しなければなりません。「これから〜へ行ってきます」、「今〜から戻りました」という具合に。もちろん仕事に関係のない外出などは認められません。これ以外にも休暇の取得時などには上司の許可が必要になります。

　「ホウ・レン・ソウ」とは少し異なりますが、もし教育実習に行くなら、朝出勤したら職員室の副校長先生の前に行きあいさつ（「おはようございます」）、帰る前にも同じようにしてあいさつ（「お先に失礼します」）すると「この実習生はよくわかっているな」と評価されるかも（？）しれません。

1．教育公務員として

（1） 公務員としての教員

　公立学校に教員として働く人々を教育公務員と呼びます。これは市役所などに勤める一般公務員や警察官、消防士等と区別するためです。国立の学校もあるので国家公務員になる教育公務員もいるのですが、おそらく本書を読んでいるほとんどの方が都道府県立や区市町村立の学校教員等を目指しているのでしょうから、ここでは自治体に勤める教育公務員について主に話を進めていきたいと思います。

　ご存知のように公務員の身分や権利は地方公務員法などの法律で守られています。地方公務員法第30条では次のように述べられています。

　「すべて職員は、全体の奉仕者として公共の利益のために勤務し、且つ、職務の遂行に当たっては、全力を挙げてこれに専念しなければならない」。

　ここで言う「全体」とは採用されている自治体のことを指します。東京都の職員なら「東京都民全体のために働く」ということです。たとえば東京都立の特別支援学校教員になったとしたら、勤務している学校の児童生徒、保護者はもちろんのこと、何らかの災害が起こった際には都民全体のために救援活動などを公務員として手伝うということです。そのような重要な職責を担う公務員ですので、給与も一定の額が保障され、また法律や規則を守っていればよほどのことがない限り免職等にはならないなどの身分保障もされています。何か緊急事態が発生したときには本業以外にも十分活躍してもらうので、しっかり生活していてくださいという意味合いがあると考えてください。

（2） 公務員としての義務

　しかし「法律や規則を守っていれば大丈夫」とはいうものの、それは高校や大学の校則、学則などとは違い、厳しい内容も含まれています。教育公務員を目指すのであれば地方公務員法の第27条から38条までは暗記しておいたほうが良いかもしれません。そこには公務員として守るべきことや免職される際の

条件などが記されています。

　たとえば第32条には「上司の職務上の命令に忠実に従わなければならない」と書かれています。もちろん「お茶を汲んで来い！」的な理不尽な要求を「職務上の命令」とは言いませんが、仕事にかかわる内容であれば基本的に校長先生、副校長先生等の指示には従わなければなりません。場合によっては個人的な教育理念に反した指示を受けることもあるでしょうが、それにも従う必要があるのです。

　特別支援学校の教員の世界でよくあるのは「校内人事」などと呼ばれる「来年度はどの学部のどの学年をどの先生と一緒に担任するのか」といったことを決める場合のちょっとしたトラブルです。今年1年、一緒に勉強してきた子どもたちの担任を来年度も続けたいと希望しても「校内事情」が優先されます。どのような理由があっても、最終的には「上司（校長）の職務上の命令」なので受け入れなければならず、仮に「どうしてもいやだから仕事を休む」などということになれば「法律違反」として処分の対象となる可能性も出てきます。

　それ以外にも自治体ごとに条例、規則などと呼ばれる細かな決まりがたくさんあります。ある県では、出勤すると出勤簿に印を押します。タイムカードはありません。出勤したら印を押すことも自治体の規則等で決められていますので、もし出勤したのに印を押すのを忘れた、などということが続けば、規則違反として当然管理職から注意を受け、それでも改善が見られない場合は教育委員会から注意や指導を受けることもあります。

(3) 公務員の権利と保障

　少しおどかしすぎたかもしれませんが、それほど脅威を感じることもありません。なぜなら公務員として当たり前のことを当たり前にしていれば給与も身分も保障されるのですから。ここで少しその給与や身分、権利について説明したいと思います。

① 給与

　教育公務員は教育公務員特例法という法律で他の公務員より優遇されることになっています。市役所などに勤める一般公務員より高い給与が保障されています。額は都道府県自治体によって異なります。また同じ自治体の中でも勤める地域によって差がつくことがあります。たとえば過疎地や離島の学校であればそれなりの手当がつきます。

　特別支援学校の教員はその職務の特殊性から小中学校や高校の教員よりもやや高い給与設定がされています。そして同じ特別支援学校内でも小学部、中学部、高等部で額が違う場合もあります。つまり、特別支援学校の教員は他の学校種の教員よりも高い給与が保障され、同じ自治体の同年代、同経験年数の他の公務員と比べても高い給与をもらうことができるわけです。

　これ以外にもほとんどの自治体で住宅手当、通勤手当、扶養手当などがつきますし、勤勉手当などと呼ばれる賞与も必ず出ます。これらの総額を他の学校種で同条件で勤める教員と比べた場合、生涯賃金でおそらく数百万円以上の差は出てくると思います。こんな話だけを知れば「ぜひ特別支援学校へ！」と考える方も出てくるでしょうが、本書全体をしっかり読んだ上で判断してくださいね。ちなみに残業手当はありません。それも含めて教員には高い給与や様々な手当が保障されていると考えてください。

② 勤務時間

　皆さんは公務員の勤務時間は週40時間であると思っていませんか。実は違うんですね。数年前に国家公務員の勤務時間が改められ、それをほとんどの自治体が取り入れ、今は週37時間45分になっています。

　週に37時間45分ということは勤務日を週5日で換算すると1日の勤務時間は7時間45分です。学校の勤務時間は校長先生が学校ごとに決めるのですが、よくあるパターンでは朝8時半から午後5時までです（そのうち45分間は休憩時間で、労働時間にはカウントされません）。とはいっても、朝ぎりぎりに出勤するのは好ましいこととはいえませんね。余裕を持って少し早く職場に行っ

たほうが良いでしょう。午後5時ぴったりに帰れることも少ないかもしれません。仕事が忙しくなれば夜遅くまで残る必要も出てくるでしょう。

　休憩時間にしても本来は管理職が職員をしっかり休ませなければならないところですが、自主的に仕事に充てる者が多いようです。それだけ忙しい現場であることには違いありません。それは小中学校や高校の教員も同様でしょう。「学校の先生」は外から見ればやりがいがあり身分も給与も保障されている魅力のある職業に見えますが、内実は驚くほど多忙で、大変な職業です。テレビドラマのような世界ではありませんのでそこは十分理解して目指してください。

③　休暇等

　公務員に限らず、労働者の休暇等の権利も主に労働基準法などによって守られています。ただ諸外国からすればいまだに「働き過ぎ日本」のイメージが根強く残っていますので、国としては公務員レベルから労働条件の改善を目指す動きが進んでいます。だから公務員は民間よりは休暇等の種類が多くなっています（注：休暇の日数等は平成26年度時点のものです）。

　たとえば民間で言えば有給休暇に当たる年次休暇（年休）ですが、公務員は勤務し始めた初年度から年間20日間の利用が可能です。この休暇は1時間単位で使用できますので、朝、お子さんを幼稚園に送っていくという理由で8時半出勤のところを1時間の年休をもらい9時半に出勤するという使い方が可能です。そしてこの休暇を1年間に限度いっぱいまで使用しなかった場合、最大40日まで次年度へ繰り越せます。

　ほかに子どもの学校行事等に参加するための「子育て休暇」、妊娠・出産・育児関係の休暇、病気や高齢の家族のための介護休暇（看護休暇）、自分が病気で休むための療養休暇（病気休暇）などがあり、学校の夏季休業の期間には夏季休暇というものもとることができます。

　もちろん土曜や日曜、祝日は休業日ですので休みです。特別支援学校では中学校や高校のように部活動の指導で土日に出勤するということはまれです。学校行事で土曜に運動会をやった、文化祭をやったとなれば振り替え休業日が指

定されます。

　学校の教員は、あまり適切な言い方ではないかもしれませんが、休暇のとりやすい職場ではあります。皆さんも小中学校で先生が休んだ場合、自習をした記憶がありますよね。特別支援学校になると複数担任制ということもあり、誰かが休めば手の空いている他の教員がサポートにまわるということもしやすい環境ですので、年休を効果的に使う教員は多いようです。

　特別支援学校の教員は給与も高く、忙しいけれど休暇制度も充実している、ということです。しかし、それだけでこの仕事を判断してもらっても困ります。恵まれた環境が保障されているということは、すなわち「障害のある子どもたちの自立や社会参加にむけてしっかり教育をし、必ず良い結果を残さなければいけない」ということなのです。その子に応じた「生きる力」をしっかりと育て、有意義な人生を送るための土台を学校で必ず身に付けさせなければなりません。

　ただ、とても残念ではありますが「楽そうだから」「誰にでもできそうだから」「給料がいいから」「休暇をとりやすいから」といった理由で特別支援学校での勤務を選ぶ教員もいるようです。たとえどんな理由で特別支援学校の教員になったとしても、しっかり使命感を持って仕事に取り組んでくれればよいのですが、多くの場合、それらの教員はあまり良い結果を残すことはありません。

　次の項ではあまり書きたくはないのですが、そこに触れないわけにもいかないので、関係者には耳の痛い話をすることにしましょう。

2 特別支援学校の教員として自覚しなければならないこと

Episode 19 「先生たちの慰労会」

　コーディネーターのツノダ先生、高等部のタナカ先生とニイジマ先生、そして中学部のカゲウラ先生の4人は1学期の終業式の夜、緑の森特別支援学校から少し離れたある駅前の居酒屋で「慰労会」を開いていました。

　ただしそこは教育公務員の自覚はしっかりしている4人なので、**通勤に使う自家用車は家に置いてくる**(1)のはもちろんのこと、その他にも飲みすぎて醜態をさらさないようお互いに注意しあうことにしています。また「学区内では飲まない（万が一酔っ払っているところを保護者に見られると恥ずかしいし誤解されるかもしれない！）」「**子どもや保護者の話題はご法度**(2)（個人情報です！）」「大事な書類は持って歩かない（特に学校関係の書類は公的なものなのでもちろん校外へ持ち出してはいけません！）」など自分たちなりのルールをしっかり決めて飲んでいるので、まさに「大人の飲み会」といっても過言ではないでしょう。

　そんな4人が交わす話題の多くは過去の武勇伝ではなく、むしろ失敗談が多いようです。まだ若いニイジマ先生は3人の先輩の失敗談からこれまでも多くを学んできました。この日もそんな話題に花が咲きました。

　「オレはさあ、若い頃に先輩に怒られてさあ」。お酒にはあまり強くないツノダ先生がもうすでに顔を赤らめて言いました。「いやあ、中学校から転校してきた女の子がさ、毎朝あいさつ代わりに抱きついてくるんだよね。子どもが喜んでいるからこれでいいのかな、と思ってそのままにしていたんだけどさ、ある日先輩に散々に怒られたよ！」。「なんでですか？」。ニイジマ先生が聞きました。

　「あんたは障害のない中学生の女の子にも抱きついてあいさつするのか、って。それを聞いて、ああ、俺のやっていたことはセクハラっていわれても仕方ないことだったんだ、って自覚したよ」。

　結構酔いがまわっているタナカ先生がカゲウラ先生のコップにたっぷりとビールを注ぎながらこんな話をし始めました。「ボクはね、先輩によく『当たり前のことを当たり前にやろう』っていわれたなあ」。「当たり前のことってたとえば？」。ニイジマ先生が聞きました。

　「朝出勤したら挨拶するとかさ、いつも教室を整理整頓しておくとかさ。そういえばお前、職員室の机の上、ちょっと汚いんじゃない？」。ニイジマ先生はニヤニヤして「すんません」とちょこんと頭を下げながら、さらに「ほかにどんなことあります？」と聞き返してきました。

　「あとはさあ、締め切りが決まっている書類は必ず期日を守るとか、通勤するときはジャージで来ないとか」。「えっ、オレ毎日ジャージっすよ！」。「だからそ

2. 特別支援学校の教員として自覚しなければならないこと　157

れをやめなさい、っていう話だよ」。「なんでジャージじゃいけないんすか？　どうせ車通勤だから誰も見てないっすよ！」。

その問いにはカゲウラ先生が答えました。「ニイジマさんさあ、ジャージはね、いわば教員の作業着だよ。世の中見てご覧よ。作業着で通勤している社会人ってあまりいないだろ？　よく『学校の先生の常識は社会の非常識』なんていわれるけれど、そういう意識から変えていかないと信頼される教員にはなれないなあ。朝はね、少し余裕を持って出勤して更衣室でジャージに着替えればいいわけだし、帰りにはまた通勤服に着替えればいいだけの話だよ」。

そんな後輩たちのやり取りを、最も年長のツノダ先生が笑いながら見ていましたが、大先輩らしくシメの言葉で次のようにまとめてみました。「俺たちは教員とか公務員とかである前に、一人の人間であって社会人なんだよ。そしてね、子どもたちの生きた手本にならないといけないんだ。オレたちの生き方を見て、大人になるって素敵だなあ、あんな大人になりたいなあって思ってもらえるようにしないといけない。だってな、いつも子どもたちに教えてるだろ？　服装を整えなさい、ちゃんと着替えなさい、ケンカしちゃだめ、ルールを守ろうって。俺たちは子どもに教えていることは自分からまず率先してやらないといけない。とても厳しいことかもしれないけれど、俺たちはそのぶん収入も身分もしっかり保障してもらっている。誠実に生きることも給料のうちなんだよ」。

場が静まり、楽しかった飲み会が厳粛な雰囲気に包まれてしまったことにツノダ先生が気づき、慌ててこう付け足しました。「でもね、こうやって一杯やりながらコミュニケーションしてストレスを発散するのも誠実な生き方のひとつだと思うよ。だって子どもたちにも保護者にも言ってるだろう。たくさん遊んで、趣味を持って、レジャーを楽しんで、適度にストレスを発散しようよって」。その言葉でようやく場が和み、4人は静かに声を合わせました。「カンパーイ！」。

冷房の効いた居酒屋を出て、近くの駅に向かいました。ようやく梅雨が明けた7月下旬の少し青味がかった夜空には、地方都市らしく満天の星が輝いています。タナカ先生「明日からまた研修の毎日ですね」。カゲウラ先生「小さい頃、学校の先生って夏休みはずっと遊んでられるからいいなあ、なんて思ってたけど、とんでもないですねえ」。ツノダ先生「でも、夏休みはオレたちにとってゆっくり勉強しなおせる貴重な時間だから、有効に使おうな」。ニイジマ先生「おれっ、小さい頃から勉強苦手なんですよね……」。3人「(あきれて) よくそれで『学校の先生』になろうと思ったね」。しばらくして4人大笑い！。

(1) 通勤に使う自家用車は家に置いてくる

　　なぜか教員による飲酒運転が後を絶ちません。教育委員会はどこも「飲んだら乗るな」を普段から徹底的に指導しているのですが。ただ飲酒したときに普段の心構えを持ち続けることができるかといわれればそれは難しいのかもしれません。なぜならその時点ですでに冷静な判断ができなくなっているわけですから。この4人のように物理的な手段で「お酒を飲む日は朝から通勤に車を使わない」などの方法を自分自身に課すことが重要でしょう。

(2) 子どもや保護者の話題はご法度

　　酔いがまわると大きな声で子どもや保護者の話題を持ち出す教員がいます。やはりすでに冷静な判断ができなくなってしまっているのでしょうが、公務員には「守秘義務」（地方公務員法第34条）があり、職務上で知りえた秘密を漏らすと処分の対象になります。酔っ払うと子どもの話題を出してしまうような酒癖がある方はもうお酒をやめるか、100歩譲って家の外では決して飲まないくらいの心がけが必要かもしれません（ちなみに職務上知りえた秘密は家族にも話してはいけませんが！）。

(1) 先生たちも「勉強」します

　教育公務員特例法の第21条から25条には「研修」について書かれています。第21条「教育公務員は、その職責を遂行するために、絶えず研究と修養に努めなければならない」というように。ちなみに「研修」とは「研究と修養」を合わせた言葉です。実は地方公務員法の第39条にも同様の一文があります。「職員には、その勤務能率の発揮及び増進のために、研修を受ける機会が与えられなければならない」。教員に限らず公務員は必要な研修を行わなければならないのですが、ではなぜ教員には別に「特例法」でも研修に関する条文があるのでしょう。

　それは教員にはまさに特例として「職場を離れて研修をする権利」が許されているからです。基本的に公務員は出張等を除いては勤務時間は勤務場所にいなければなりません。しかし教育公務員は研修のために教育委員会等が運営している「教育センター」のようなところで専門性や指導技術をより高めるための研修を受けることができます。大学が開講する「夏期講座」のようなものにも「研修のための受講」の許可を得れば勤務の一環として参加できます（その際には研修目的などを書いた文書を届け出て許可をもらい、終了後には研修報告を出す必要があります）。夏季休業中にはそんな機会をたくさん持つことができます。エピソードの最後の会話にはそのような意味があります。

(2)「人権侵害」が許されない特別支援学校

さて、ここでは特別支援学校に勤務していると、ついやってしまいがちな「人権侵害」の事例についてお伝えしたいと思います。

ツノダ先生が先輩に怒られたという「女の子抱きつき事件」ですが、そこに語られているように「障害のない子にやってはいけないことは障害のある子にもやってはいけない」というのがこの世界の鉄則です。しかし、障害のある子は教員の行為について言葉で拒否したり非難したりすることが難しい場合があります。そういう職場にいると教員の人権感覚がマヒしてしまうことも多いのです。いくつか実際にあった例について話をしましょう。

① 少し肥満傾向にあった子どもの給食を担任が減らしてほかの子どもに食べさせた

前のエピソードに出てきたヨウコさんのように、特別支援学校には自分で自分の食事量をコントロールできず、肥満傾向になる児童生徒が少なからずいます。教員は子どものことを思って給食を減らすということをよくやってしまいがちなのですが、さてそれはどうなのでしょう。

通常の中学校で食べ盛りの生徒に対し「太り気味だから」と本人の同意がないのにもかかわらず担任が勝手に給食を減らした。もしこんなことが実際にあったら? 当人は黙ってはいないでしょうね。生徒は誰もが同じ量の給食を食べるための給食費を支払っています。本人や家族の同意もないのにそれを勝手に減らしたら大きな問題になるでしょう。

肥満を抑えるために食事量を調節したいのなら、まず保護者と相談しましょう。教員が勝手な判断でやるべきことではありません。

② 高等部の障害の重い子どもの名前を「〜ちゃん」付けで呼ぶ

障害が重い子どもの場合、時には高等部くらいの年齢になっても教員が身体を抱いて車椅子に乗せたり降ろしたりすることがあります。また排泄も全介助なので、トイレのベッドで紙おむつを交換することも多くあります。教員の心情として、その子の生活全般を支えているとつい「親心」が芽生え、かわいさ

余って「〜ちゃん」などと呼んでしまうことがあります。

　しかし高等学校で教員が生徒の名前を「ちゃん」付けで呼んだら気持ち悪がられますよね。現実的にはありえません。どのような障害があり、発達段階や身体の成長がゆっくりだったとしても、実年齢を重視しましょう。16歳の生徒には16歳の若者に接しているという気持ちを忘れず、相手の存在を尊重しながら対応する必要があります。

③　自閉症の子どもの前でその症状について教員間で話し合う

　慢性的な病気を持つ中学生の前で、教員同士がほかにも聞こえるような声で「この子は今こんな病気にかかっているんだよ」なんて会話をしたら、その子はどんなに傷つくでしょう。障害や病気に関する情報は個人情報の中でも秘匿性が高いもののひとつです。

　しかし、おそらく「どうせ本人はわからないだろう」「ほかの子どもが聞いていてもわからないだろう」というような軽い気持ちで、特別支援学校の教員が子どもの前で障害について語るという姿は珍しくありません。慣習化してしまっているかもしれません。これは大きな人権侵害であることを自覚しなければいけません。

④　食事や排泄を失敗してしまった子どもを大勢の前で大声で叱責する

　最近では中学校や高校の部活動での厳しい指導について社会的に「是正しよう」との動きが出てきていますが、通常学校でほかの子どもが見ている前でその子の意図的ではない失敗を教員が叱責したとしたら……。それは場合によっては「心の体罰」と受け取られるかもしれません。

　そもそも皆さんは「怒る」「叱る」という行為をどう思いますか。教育には不可欠なものかもしれませんが、時に見かけるのは、まるで自分のストレスをぶつけるかのように子どもたちを怒鳴りつけている教員の姿です。「叱る」という行為も指導の一環です。すなわち「叱る」ことは子どもの行動改善のための教育なのです。

障害がある子に「生きる力」を入力するには特別な支援が必要なことは何度も書いてきました。彼らに行動の改善を望むなら、障害に応じた特別な方法で必要事項を入力しなければならないのですが、怒りに任せて怒鳴りつけるだけの「叱る」行為では子どもにとってそれは「こわい」「恐ろしい」経験としてしか入力されていないかもしれません。

　自閉症児の中には口癖で「ごめんなさい」「もうしません」「許してください」を繰り返す子がいます。それでいて不適切な行為が改善されない子どもがいるなら、おそらく彼らの中に「ごめんなさいといえば教員は大声で叱ることをやめるのだな」ということしかインプットされていないのかもしれません。

　「怒る」にしても「叱る」にしても、ただ怒声をぶつけるのでなく相手にわかるように工夫して行動の改善を求めることが必要です。ただ単に大声で威嚇するのは教員のストレス発散にほかならず、それは許されることではありません。

⑤　障害により他害傾向がある子どもを「ほかの子どもが危ないから」といって授業に参加させない

　これは難しい問題ですね。小中学校等では「授業に参加させない」というのは明確な体罰です。しかし、授業中に他の児童生徒に迷惑行為をしたり教員に暴力行為を働いたりする場合は別です。この辺りの見解については、文部科学省も体罰を禁じている学校教育法第11条を拡大解釈して生徒指導に消極的になっている教員がいるという理由から「これは体罰、これは法で認められている懲戒の範囲」との例をいくつかの文書で示しています。

　2007年（平成19年）2月に文部科学省から出された「問題行動を起こす児童生徒に対する指導について（通知）」という文書には次のように示されています。

　「児童生徒が学習を怠り、喧騒その他の行為により他の児童生徒の学習を妨げるような場合には、他の児童生徒の学習上の妨害を排除し教室内の秩序を維持するため、必要な間、やむを得ず教室外に退去させることは懲戒に当

たらず、教育上必要な措置として差し支えない」。

　解釈によっては「障害により暴れる子どもは授業に参加させないでよい」と読めるかもしれません。しかしよく考えてください。「障害によりできない」ことを理由に授業に参加させないのは特別支援学校のやることでしょうか。「障害の改善、克服」を目指し一人一人に応じた教育を行うことが特別支援学校の使命です。そのために一学級の定員も最小限にし、学級担任も複数配置され、中には介助員、支援員といった補助的人員が配置されることもあります。それでも「この子は危ないから」といって授業をさせないとしたら……。「授業に参加できない」のなら参加できるように教育し、あるいは本人の状態にあった内容の授業を考えるといったような特別支援教育的な発想がなければいけません。場合によっては行動障害がある子どもが暴れ、どうしても集団で行う授業から遠ざけなければならないような状況も出てくると思います。しかし、そうであれば同時に「その状態を改善しよう」とする指導計画を立てるなど前向きな姿勢も必要です。「この子は暴れるから授業に参加させない」という行為が永続的に続けられるとしたら、それは体罰なのか、懲戒なのかといった議論よりもむしろ「教育の責任放棄」という道義的な問題になってくるように思います。

(3) 障害がある子どもの人権

　実は（2）の①から⑤までは残念ながら今もたぶん特別支援学校でよく見られている例だと思います。このような自分たちの行為、同僚の行為に問題意識を感じること自体が少ないかもしれません。それはなぜでしょう。そこにこそ「障害がある子どもの人権」に関する視点がかかわってきます。

　知的な障害があると、身の回りで起きている事実や現象を自分の言葉で語ったり、文字で表現したりすることが難しいでしょう。障害のない子どもであれば、たとえば学校で先生から理不尽に怒られるなどすれば家庭で保護者に自ら訴えることができますし、同じクラスにいた友人が自分の保護者に見たままを報告することもできます。そのようなセーフティネットがあるからこそ、教員

は言動や行動に細心の注意を払います。体罰の問題が発生し、その噂が子どもたちの口から公になって、懲戒処分を与えられた教員が多数いることは皆さんご承知のとおりです。

　実際に起きたことを説明しづらい、言葉の出ない子どもたちを特別支援学校では教えています。勝手に給食を減らすなどはひょっとしたら職業意識の高い教員が子どものためを考えてやっていることかもしれませんが、少なくとも保護者の同意は必要です。そのような手続きなしに子どもが楽しみにしている食事を勝手に減らしてしまうのは言語道断です。さらに言うなら、素人判断ではなく養護教諭や子どもの主治医など関係者の意見も聞いた上で保護者と相談し決定するべきです。

(4) 人権侵害と虐待

　教員に「どうせ何をやっても子どもたちはわからない」という意識が根底にあると、障害がある子どもたちの人権侵害どころか虐待などの事件を招くことにもなります。これも悲しい話ですが、特別支援学校の教員による障害のある子どもたちへのセクハラ行為などが大きな問題になっている都道府県もあります。声を上げられない女子生徒にボディタッチをするようになってしまっては教育云々の問題ではなく、それはすでに犯罪行為です。

　ある福祉施設では障害がある施設利用者に職員が不当な暴力を振るい、死なせてしまった事件がありました。その施設では職員同士がお互いの暴力を黙認していたようです。特別支援学校も教員間の「和」が重視される世界で、お互いに注意しあうという雰囲気を作ることが難しく、同僚の不正行為を見逃してしまう危険性があるので気をつけたいところです。

　文部科学省のウェブサイト「学校におけるいじめ問題に関する基本的認識と取組のポイント」にはいじめについて「傍観したりする行為もいじめる行為と同様に許されない」と書かれています。同じく「同僚の人権侵害を傍観したりする行為も人権侵害同様に許されない」ことになるのではないでしょうか。子どもに「いじめはいけない」「いじめを見逃すのもいけない」と教えるなら、

同僚の不適切な行為をしっかり指摘できる教員になって欲しいと思います。
　特別支援学校に勤務する人々には、他より優れた人権意識、人権感覚が必要になります。それはこの世界に勤める人々にとって最も大切な条件です。

(5) 社会人として見本となる教員

　またエピソードでツノダ先生が言っていましたが、教員自身が子どもたちの前で「ああいう大人になりたい」と思えるような人間性をかもし出さなければいけません。子どもに注意していることは自らがそうしないように実践したいところです。
　遅刻をしない。できるだけ休まない。友だち同士仲良くする。一生懸命勉強する。人に迷惑をかけない。ルールを守る。思いやりを持つ。服装を正しくする。清潔感を保つなどなど。皆さんが子どもだった頃、学校の先生はあなた方にそんなことを教えてくれませんでしたか？　そしてそれはその先生自らが実践できていたでしょうか？
　いつも時間ぎりぎりに出勤する。着替える時間ももったいないのでジャージのままで来る。だから出勤印を押すことも毎日後回し。遅刻しそうだから朝に数時間の年休を取ることがたびたび。校内での服装もだらしない。職員室の机の上は片付いていない。提出物の期日を守れない。前夜の飲酒の匂いが残っている。すぐにイライラして子どもたちに当たり散らす。授業に遅れて教室にやってくる。子どもたちとの約束を忘れる、あるいは守らないなどなど。心がけのよくない教員に見られがちな行動の一部です。
　野球のできない人が野球部の指導をしても誰も従わないでしょう。打撃指導をしても説得力がありません。子どもに教える立場なら自分ができることを教え、教えたことは自分でも実践する。「当たり前のことを当たり前にやる」。簡単なことなのですが、自分からそれを「難しいこと」にしてしまわないよう、常に心がけていかなければならないでしょう。

3 教職員の健康管理

Episode 20　「ウチダ先生の決断」

　2年目教員のウチダ先生はいつも物静かで、子どもたちにも同僚にも優しくゆっくり話をする姿勢はとてもほほえましく見えました。しかし、ときどきケアレスミスをしてしまうことがあり、そのたびに周囲に「ごめんなさい」と頭を下げる姿は痛々しくもありました。

　2学期の初め、緑の森特別支援学校の2階で、重度重複学級の子どもが乗った車椅子が階段の近くにフットブレーキをかけずに放置されていたという「事件」がありました。放置してしまったのはウチダ先生でした。

　たまたま近くを通りかかった教員がその現場を発見し、急いで車椅子を階段から遠ざけ、安全な場所でブレーキをかけたので事なきを得ましたが、もし小さな地震でも発生して車椅子が動き出したら大きな事故につながるところでした。さすがに事態を重く見たハセガワ副校長先生は放課後、ウチダ先生を校長室に呼び、オグチ校長先生とともに事情を聴いた上で指導することにしました。ウチダ先生の話によれば、車椅子を押してエレベーターを使い1階に下りようとしたとき、エレベーターの鍵を忘れてしまったことに気がつき、職員室に取りに帰った、そのとき階段のそばであることを忘れ、ブレーキをかけなかったということでした。

　「うっかり、ではすまないかもしれませんよ。ウチダ先生」。校長先生が厳しく注意したので、ウチダ先生は縮み上がってしまいました。目にはうっすらと涙が浮かんでいます。「あなたは少し前にも子どもに摂食指導をしているとき、食べ物をたくさん口に入れすぎてのどに詰まらせてしまうことがありましたね。いずれも子どもたちの命にかかわる重大なことです」。

　ハセガワ副校長先生は、応接ソファーに座りながら小さくなって謝るばかりのウチダ先生をじっと見ていましたが、そろそろかなと思い「校長先生、あとは私が」といって立ち上がりました。校長先生は目で合図を送りながら「では副校長先生、よろしくお願いします」といって仕事机に戻りました。

　副校長先生は教育相談室にウチダ先生を招き入れました。「ウチダ先生、ミスって言うのは誰にでもある。そのときにミスを起こした人を責めてもミスは減らない。大切なのは同じミスを起こさないよう全体で注意していくこと。そのためにはなぜ、どうしてそれが起きたかをはっきりさせて、情報を共有しなければならない。今後に生かすためにも詳しく教えて欲しいんだ。あなたはなぜ今回のようなことが起きたと思う？」。

　「わたし……ダメなんです」。「ダメって……何が？」。「わたし、ダメなんです。一生懸命やっても……失敗しちゃうんです。なんだか、ひとつのことを考え始

166　第4章　特別支援学校の教員に求められているもの

ると周りが見えなくなっちゃって。冷静でいられなくなっちゃうんです。あのときも次の授業に遅れちゃうと思ってたら、エレベーターの鍵を忘れたことに気がついて、もう頭が真っ白になっちゃって……」。ハセガワ副校長先生はその言葉が気にかかり、さらに質問を続けることにしました。「最近の体調はどう？　睡眠時間とか食欲とか。頭痛や腹痛は？」。

「疲れているので夜はすぐに寝てしまうんですが真夜中、それも午前2時とか3時に目がさめてしまって眠れなくなるんです。食欲もあまりなくて。頭が重い感じも続いています。好きだった読書もできなくなってしまって……」。

「ウチダ先生、ひょっとしたら早めにメンタルクリニックに行ったほうがいいかもしれないよ。何の原因もないのに睡眠時間が乱れたり好きだったことに興味がわかなくなったりすることはないよね。病院に行くか行かないかはあなたが決めることだけれど、このまま何もしないままでは何も変わらないかもしれないよ」。ウチダ先生は黙り込んでしまいました。

「仮に何らかの病気があったところで、それはあなたが何か悪いことをしたからそうなったわけではないでしょう。特に一生懸命にがんばる真面目な人ほど『心の病』にはなりやすいといわれているよ。今は専門家の意見を聞いて、しっかりアドバイスをもらうことが大切じゃないのかな」。ウチダ先生の表情が少し和らぎました。

「わかりました。わたし、お医者さんの話を聞いてきます」。「ありがとう、わかってくれて。明日は休暇を取って近くのメンタルクリニックに行っていらっしゃい」。「はい！」。ちょっとだけ元気が出たウチダ先生は、立ち上がってぴょこんと頭を下げると、もう薄暗くなった廊下を職員室に向けて小走りに駆けていきました。翌日、医者は「抑うつ傾向」との診断を下しました。簡単にいえば、うつ病になる前の状態ということです。そして「しばらく仕事を休んだほうが良い」とアドバイスされ、ウチダ先生は結局、医師の指示通り3ヶ月間、療養休暇を取って自宅で静養することになりました。その間、若い女性の講師がウチダ先生のあとを守り、一生懸命働いてくれました。

年が明けた3学期の始業式の朝、以前よりも明るく華やかな笑顔を湛えたウチダ先生の姿が職員室にありました。始業前の全体打合せで校長先生から職場復帰の報告があり、ウチダ先生が先生方の前に立ちました。「今日からまた仲間に入れてください。無理せず、ゆっくりと、だけどがんばります！　よろしくお願いします！」。元気にあいさつしたウチダ先生を、大きな大きな拍手の輪が迎えてくれました……。

3. 教職員の健康管理

(1) 教職員のメンタルヘルス

　2013年（平成25年）3月、文部科学省に設置された「教職員のメンタルヘルス対策検討会議」が「教職員のメンタルヘルス対策について（最終まとめ）」という報告書を出しました。それによれば2011年度（平成23年度）、精神疾患で休職した教職員は全国で5,458人で、1992年度（平成4年度）の1,111人の5倍近くに増えています。教職員の1000人に約6人が精神疾患になり、休職しているということになります。休みこそしないものの精神科に通院しながら仕事を続けたり、短い期間の療養休暇（病気休暇）を取得しながら回復を目指したりする教職員も数多くいます。

　このような検討会議ができるほど、メンタルヘルスは教職員の健康管理の重要なテーマのひとつになってきています。その背景には多くの原因が重なっているのでしょう。教職員の仕事の範囲は昔に比べてとても幅広く、多岐に渡っています。今は学校でICT環境との正しい付き合い方を教えなければなりませんし、不審者からどう自分を守るかといった学習も必要です。20年前、30年前とは文化レベルが大きく変わり、教える内容は増える一方です。個別の指導計画など作成する文書も増え、保護者対応にも気を配らなければなりません。

　またもう一方で、教職員自身の人間関係を構築する力が落ちているということもいえるのではないでしょうか。すでに幼少期にテレビゲームが登場し、少子化の影響なども受け、友だち同士で遊びあう機会が減り、本来はそのような積み重ねから学ぶべき人間関係調整力などが備わっていない若い教職員も増えているように思います。

　それ以外にも社会全体がストレスフルになり、たまったストレスを解消する手立てもなく、一人で悩み、心を病んでいくといったパターンが多いのではないでしょうか。決して学校教育の場だけではありません。うつ病などになる人は全体的に増えています。抑うつ傾向になっている子どもも増えているようです。小学校高学年から中学生まで、全体の5％近くが抑うつ傾向にあるというデータも出ています。大人も子どもも、大変に「生きづらい」世の中になってしまっています。

(2) 特別支援学校教員としての「やりがい」

　実は先に紹介した「教職員のメンタルヘルス対策について（最終まとめ）」では次のような分析も出ています。「精神疾患により休職している教員について、公立小・中・高・特別支援学校における教員全体の在職者に占める割合は、特に中学校（0.66％）、特別支援学校（0.68％）の割合が高く……」。学校種別の中では特別支援学校の教職員が精神疾患にかかる割合が最も高いのです。

　これは筆者の主観ですが、特別支援学校の現場では教員を「客観的に評価する」材料が少なく、そのため具体的なやりがい、生きがいが感じられず、自己評価が低くなってしまって燃え尽きてしまう（バーンアウト）ような例が多いように感じます。

　たとえば小中学校や高校であれば教員の力量を子どもたちの成績が上がったことにより「教育力が高い」、進学率を上げれば「進路指導が的確」、部活動などの大会で優秀な成績を残せば「スポーツの指導力が優れている」と様々に評価しやすい環境にあります。また子ども自身が「良い先生だね」「先生、大好き」と言葉にして教えてくれることもあります。逆に言えば「学級崩壊になった」「進学率が下がった」「先生、きらい」などと低く評価されてしまうこともありえますが。

　最近ではほとんどの都道府県で管理職による教員の業績評価を実施していますが、通常学校であれば前述のような観点での評価もありえるのに、特別支援学校ではそれが難しい場合が多いのです。実際に筆者も業績等の評価にかかわったことがありますが、一人一人の発達段階が異なる子どもたちの「ここが伸びた」「ここが成長した」という具体的な姿を客観的に判断することは、特別支援学校では難しいように思います。

　たとえば障害が重いお子さんはゆっくり成長しますので、1年間、学級担任がどれだけ情熱的に、専門的に指導をしても、その成長ぶりを目で見て、形として確認することが難しい場合があります。逆に、教員が専門的な指導をしなくても本人の自己成長力が高く、どんどんとできることが増えていく場合もあります。

結局、子どもたちの成長ぶりから業績を評価することが難しく、その他の職務内容から評価せざるを得なくなります。教員にとってみれば「あれだけがんばっているのに評価が低かった。管理職はわかってくれない」「日々の努力を見てくれない」と不満が残り、それが働く意欲をそいでしまうことにもなりかねません。

　知的障害教育の特別支援学校では基本的に子どもたちの「数字」を評価の材料にすることはほとんどありません。テストで点数を付けることもなく、通知表に数字を付けることもなく（ほとんどの学校では成績表等に文章で学習の成果を記述しています）、高校や大学への進学率が出ることもありません。自分たちが子どもの頃から「数字」で評価されることが多かった教員が、「数字」という目に見える形では表出されないやりがいや生きがいを追いながら仕事をしていくといったことが難しい職場ではあります。

（3）素敵な特別支援学校の先生に！

　私が出会ってきた先輩や同年代の先生方は素晴らしい実践力、専門性を持っている方々ばかりでした。何よりも子どもたちへの愛情にあふれ、その家庭全体を包み込み、学校での一期一会だけではなく、その行く末をともに見守っていくような気概にあふれた教員が多かったように思います。

　障害がある子どもたちの卒後の生活を支えようと教員を辞め施設を建設したり、成人した子どもたちを連れて休日にレクリエーションに出かけたりする方もいます。彼らに共通するのは何よりも「子どもの笑顔」を大事にすることでした。「子どもの笑顔」を見ることが生きがいであり、やりがいであり、だからがんばろうと次の意欲に結び付けていたような気がします。

　特別支援学校の教員を目指す皆さん、ぜひ身の回りの小さい出来事に感動できる心を今から養ってください。数字ではなく、子どもの笑顔、お母さんの笑顔、授業がうまくいったときの満足感、仲間と一緒に取り組んだ行事が成功した瞬間の高揚感などを生きがいにできる人権意識の高い教員を目指してください。

(4) 気をつけたい健康管理

　さて、特別支援学校には精神疾患以外にも気をつけたい健康管理上の課題がほかにもまだあります。子どもを車椅子に乗せたり降ろしたりすることが多いので腰痛が出る場合があります。また体力づくりのために子どもとランニングすることが多いので、それなりの体力も必要です。スクールバスを運行している特別支援学校では、冬場にインフルエンザやノロウイルスなどによる感染症がバス乗車を介して、児童生徒に増えていくケースが多いので、冬場に入る前には必ずワクチンを注射したり、日々の手洗いやうがいを欠かしたりしないことなども。

　障害がある子どもたちはその様々な特性から健康を害しやすい環境にあります。子どもたちの健康管理はとても重要です。だからこそ、教員は自分自身の健康管理にも気を配らなければなりません。結果的に病気になってしまうことは誰の責任でもなく、仕方のないことですが、できるだけそうならないための努力は日々、心がけていくべきです。

　自己管理だけでなく仲間の健康状態を気にかけてあげることも大切です。悩んでいる同僚がいるようであれば、気軽に相談に乗ってあげても良いでしょう。ツノダ先生たちのように気の合った仲間と食事を楽しんだり、休日に趣味に興じたりすることもよいと思います。気分をリフレッシュしてストレス発散し、新しいモチベーションで翌日の仕事にチャレンジしていくようなスタイルを作っても良いでしょう。

　最後に紹介したいのですが「教職員のメンタルヘルス対策について」には次のような数字も紹介されています。2011年度に5,274人いた精神疾患による休職者のうち、翌年4月の段階で休職を継続していたのは2,244人なのですが、残る3,030名のうち1,957名がウチダ先生のように職場復帰しているのです。約65％が休養をし、適切な治療を受けてまた教職に戻っています。決して無理をせず、最近調子が悪いなあと気がついた段階ですぐに周囲に相談し、早めに対応していったほうがその後の教員人生を長く続けることができるのです。

　健康管理はまず予防から、そして早期発見、早期治療が重要です。それはど

のような病気も同じです。そして特別支援の仕事を大好きになってください。「楽しい」と思ってください。子どもの小さな成長を喜び、その笑顔に生きがいを感じてみてください。先生の元気な笑顔が子どもやその家族をまた笑顔にします。さあ、未来に向かって準備を始めましょう！

5 Chapter

小中学校の知的障害教育

1 特別支援学級とは

Episode 21 「ジロウ君の孤独な戦い」

　緑の森中学校にジロウ君という1年生が通っています。ジロウ君は青池小学校から今年の4月、中学校へ進学したのですが、どうにも成績が上がりません。彼は定期テストでいつも最下位周辺をうろうろするような感じでした。ジロウ君はスポーツもあまり得意ではなく、友だちも決して多いほうではありません。やがて彼はクラスで孤立し始め、「いじめ」というほどではないのですが、結果的には仲間はずれのような形になっていました。
　2学期が始まった9月1日、彼のクラスは大きなどよめきに包まれました。額にまでそりこみを入れた坊主頭で、短ランと呼ばれる短い制服を着て、見た目はいわゆる「不良」に変身したジロウ君が登校したからです。
　ジロウ君は内心、服装や髪型を変えただけでこんなにも存在感をアピールできるのか、とビックリしていました。ポケットに手を突っ込んで肩を怒らせて歩いていると、生徒であふれていた廊下にささーっと道が開き、誰もが自分にしたがっているようでとても気持ちが良かったのです。
　中学校の先生たちは、ジロウ君を何とか更生させようと話し合いを持ちました。そしてある可能性に着目しました。ジロウ君は、ただ単に授業内容を理解できていないだけでなく、そもそも小学校の学習内容がまったく入っていないのではないかと。先生たちは「ひょっとしたら発達に課題があるのではないか」と考えたのです。そこで特別支援学校のツノダ先生にお呼びがかかりました。
　ツノダ先生はさっそく中学校へ出かけ、廊下をうろついているジロウ君に話しかけてみました。ジロウ君はまだ幼さの残るあどけない笑顔で「何？」と振り向いてくれました。そこからツノダ先生お得意のアニメ番組やアイドル、ゲームの話題で二人は盛り上がりました。その勢いで先生は彼を相談室に連れて行き、小

学校低学年程度の漢字や計算の問題をやらせてみたのですが、一生懸命に取り組もうとしてもほとんどわからない様子でした。

　数日後、ツノダ先生はお母さんから話を聞きました。「小学5年生になった頃、やっぱりうちの子はちょっと違うんじゃないかと思って担任の先生に相談したんです。そうしたら『お母さん、大丈夫ですよ。ジロウ君はきっと大器晩成型なんです。いつかできるようになりますよ』っていわれて、正直言ってほっとしたんです」。ツノダ先生は内心、その先生がそばにいたら怒鳴りつけてやりたいくらいでした。

　「お母さん、率直に言って今のジロウ君の学力を見て、どう考えていますか？」。お母さんはしばらく迷っていましたが、決心したようにつぶやきました。「ジロウにはたぶん、勉強ができない理由があるのだと思います」。先生は数日後、お母さんの了解を得てジロウ君に知能検査を実施しました。

　そして出た結果は、軽度ながら知的障害がある可能性を疑わせるものでした。ツノダ先生は結果をお母さんに伝えました。「お母さん。彼はおそらく小学校2、3年生程度で学力が止まっているようです。であれば、そこから改めて学習の積み重ねを再開するような勉強方法が必要でしょう。特別支援学級で彼の能力に応じた学習を進めれば、将来、立派に社会で活躍することができるかもしれません」。

　「先生、でも特別支援学級に入るとみんなに馬鹿にされてジロウは余計に自信をなくしてしまうんじゃないですか」。お母さんは不安げに聞きました。先生は「今すぐに結論を出す必要もありません。ゆっくりご家庭で相談してきてください」と伝えました。その後、お母さんは家族で何度か話し合い、最終的にはジロウ君の判断にゆだねる、という結論を出しました。

　そこでツノダ先生自らがジロウ君と話し合うことになりました。「先生さあ、特別支援学級ってバカなやつが行くところだろう？」。ジロウ君は少しふてくされた様子でツノダ先生をにらみつけました。「ジロウ君、難しい勉強がわかりづらい人はバカなのかい？」。「えっ？　そうでしょう？」。「じゃあ、あかちゃんはみんなバカなの？」。ジロウ君は黙り込んでしまいました。

　「ジロウ君。ボクが働いている学校にはね、高校生くらいの年齢だけれど言葉も話せないし、自分で歩けない子どもたちもいるよ。でもね、みんないつも笑顔でがんばっている。そんな子どもたちをバカにする人がいるならボクは許さない。キミも小さい頃から一生懸命がんばったんだろう。それなのに周りの人から理解されないでつらい思いを重ねてきたんじゃないのか」。ジロウ君はツノダ先生の目を見つめました。

　「特別支援学級っていうのはね、特別な勉強方法、その子にあった勉強方法でいろいろなことを教えてくれるクラスなんだ。ひょっとしてそこへ行けば、キミのこれまでの努力が実を結ぶかもしれない。悪いことで無理をして目立たなくても、キミ自身のがんばった姿をみんなが認めてくれるかもしれない」。

「オレさ、オレが悪くなればなるほど母ちゃんが悲しい顔になっていくのがわかるんだ。オレ、母ちゃんにさ、お前もよくがんばってるね、えらいねっていわれたい。それなのに、それなのに……」。ジロウ君は鼻をすすりながら、あふれ出た涙を袖で拭き始めました。
　「ジロウ君、キミは本当に良くがんばってきた。そしてキミの中にはまだまだたくさんの可能性が隠されている。特別支援学級で、その可能性を伸ばしてみないかい？」。先生は立ち上がり、ジロウ君の肩に手をかけました。ジロウ君はワンワン泣きながら小さな声で「お願いします」といいました。
　次の日、ジロウ君は特別支援学級に体験入学しました。友だちはジロウ君の参加を喜び、ささやかな歓迎会を開いてくれました。授業でも先生たちが密着してわからないことを教えてくれ、初めて「勉強って楽しいなあ」と感じました。ジロウ君は体験を終えると、迷わず特別支援学級に移ることを決めました。
　ジロウ君はやがて、笑顔が明るい少年に戻りました。特に畑を耕したり動物の世話をしたりする作業学習が気に入って、草抜きやエサやりをするため、だれよりも朝早くに登校するようになりました。毎日が生き生きとして、とても楽しく感じました。
　ある日、用事で中学校を訪れたツノダ先生とばったり出会ったジロウ君は、興奮しながら早口で言いました。「先生、オレね、大人になったらペットショップ開くんだ。母ちゃんがね、あんたがそのつもりなら一緒に店を出そうって。だから母ちゃんもパートで貯金するから、あんたも勉強がんばんなって。オレね、特別支援学校の高等部に行ってから、そのあと動物の専門学校に通って勉強するんだ。そして日本で一番大きなペットショップを作るんだ！」。「そうかい、じゃあその日を楽しみに待ってるよ！」。
　廊下の向こうで特別支援学級の仲間が「ジロウ、早く来いよ。いっちゃうぞ！」と呼んでいました。「ごめんごめん！」。ジロウ君はツノダ先生に手を振りながら友だちの待つほうへ走っていきました。
　今日は特別支援学級の凧揚げ大会でした。しばらくして、グラウンドの上空にいくつもの手作り凧が泳ぎ始めました。ジロウ君の凧には大きく太い字で「夢」という漢字が書かれていました。「夢」と書かれた凧は、どこまでもどこまでも、青空のかなたまで飛んでいってしまうような勢いで、風の中でうなりを上げていました……。

1. 特別支援学級とは

皆さんが通っていた小中学校に特別支援学級はありましたか。そしてそこで勉強する子どもたちと交流はありましたか？　エピソードにも書かれているように、特別支援学級に対しても特別支援学校と同様に、内容をよく知られていないための誤解がまだまだあるようです。

特別支援学校の教員免許を持って小中学校に勤務する場合、特別支援学級の担任になる可能性は十分にあります。そこで本章ではまだまだあまりよく知られていない特別支援学級について説明していきたいと思います。

まず小中学校で行われる特別支援教育については学校教育法第81条で次のように記されています。

「幼稚園、小学校、中学校、高等学校及び中等教育学校においては、次項各号のいずれかに該当する幼児、児童及び生徒その他教育上特別の支援を必要とする幼児、児童及び生徒に対し、文部科学大臣の定めるところにより、障害による学習上又は生活上の困難を克服するための教育を行うものとする」

2「小学校、中学校、高等学校及び中等教育学校には、次の各号のいずれかに該当する児童及び生徒のために、特別支援学級を置くことができる」
　一　知的障害者
　二　肢体不自由者
　三　身体虚弱者
　四　弱視者
　五　難聴者
　六　その他障害のある者で、特別支援学級において教育を行うことが適当なもの

幼稚園や小中学校、高校などでも、それが必要な幼児児童生徒には特別支援教育を実施しなさいということです。また一から六までに該当する子どもたちのために小中学校や高校などでは特別支援学級をおくこともできると書いてあ

ります（高校の特別支援学級はまだ作られていないようですが）。だから特別支援学級は知的障害だけではなく、肢体不自由や弱視、難聴の子どもたちのためのものもあるのです。

最近では小中学校等での発達障害児の存在がクローズアップされているため、2009年（平成21年）に文部科学省が出した通知「情緒障害者を対象とする特別支援学級の名称について」では、対象をわかりやすくするため、それまで「情緒障害学級」と呼ばれていた特別支援学級を「自閉症・情緒障害特別支援学級（教育現場では「自情学級」と呼ぶことがあります）」に名称変更することが示されました。

特別支援教育資料（2012年度）では全国の小中学校に47,643クラスの特別支援学級があり、そのうち知的障害の学級が23,428クラスで全体の49.2％を占めていることがわかっています。その次に多いのが「自情学級」で18,524学級、全体の38.9％となっています。

2 特別支援学級の対象になる子どもたち

特別支援学級の定員は1学級当たり8名で、特別支援学校小中学部の6名よりはやや多くなっています。対象となる児童生徒は「知的発達の遅滞があり、他人との意思疎通に軽度の困難があり日常生活を営むのに一部援助が必要で、社会生活への適応が困難である程度のもの」となっています（文部科学省「障害のある児童生徒の就学について（通知）」2002年5月）。

特別支援学校の対象は「1. 知的発達の遅滞があり、他人との意思疎通が困難で日常生活を営むのに頻繁に援助を必要とする程度のもの」「2. 知的発達の遅滞の程度が前号に掲げる程度に達しないもののうち、社会生活への適応が著しく困難なもの」（学校教育法施行令第22条の3）となっているのですが、特別支援学級と特別支援学校の対象とする児童生徒の微妙な違いがわかるでしょうか。

特別支援学級だと「他人との意思疎通に**軽度の困難**があり」ですが、特別支援学校では「他人との意思疎通が**困難**で」となっていて、「軽度」の表現が抜

けています。また同じく特別支援学級では「日常生活を営むのに**一部援助が必要**」であるのに対し、特別支援学校では「日常生活を営むのに**頻繁に援助を必要**」となっています。この表現だけを見ると、比較的知的障害が軽い場合は特別支援学級へ、そうでない場合は特別支援学校へ、と読み取れるかもしれません。

しかし、最近は必ずしもそうとは言い切れない状況になっています。特に文部科学省は2013年9月に「学校教育法施行令の一部改正について」の通知の中で、就学先を決めるに当たっては「保護者の意見については、可能な限りその意向を尊重しなければならない」ことを示しました。障害の程度にかかわらず、保護者の意見を優先して就学先を決めなさい、ということです。知的障害が重度であり、今までなら特別支援学校で教育を受けたほうが本人の力を伸ばせるのではないかといったような子どもでも、保護者が望めば地域の小中学校の特別支援学級、あるいは通常学級に就学できるようになっています。

ちなみに地域の小中学校に通う場合、特別支援学級と通常学級ではどちらに入ったほうが良いのか、についてはやはり明確な基準がなく、関係者の話し合いを経て最終的には保護者が決める、という形に変わりつつあります。

3 特別支援学級の教育

それでは特別支援学級ではどのような教育が行われているのでしょう。文部科学省は次のように示しています。

「必要に応じて特別支援学校の教育内容等を参考にしながら、小集団の中で、個に応じた生活に役立つ内容が指導されています。小学校では、体力づくりや基本的な生活習慣の確立、日常生活に必要な言語や数量、生活技能などの指導を実施しています。また、中学校では、それらを更に充実させるとともに、社会生活や職業生活に必要な知識や技能などを指導しています」

特別支援学校の教育内容等を参考にしながらということですので、特別支援学校の学習指導要領に沿い「合わせた指導」を教育課程の中心にしているところもありますし、教科学習中心のところもあります。児童生徒の実態に応じて学校ごとに決めるわけですから、その内容は千差万別といってよいでしょう。

　特別支援学級は学年に関係なく、小学校であれば1年生から6年生までが同じクラスで生活する場合があります。そして発達段階も大きく異なっていることから、国語や算数のような教科指導の場合、クラスの中をさらに学年や発達段階に応じて小グループに分けて指導したり、あるいは完全個別学習だったりする学級があります。また、子どもによっては様々な教科の時間に「交流学級」と呼ばれる同学年の子どもがいる通常学級に入って一緒に授業をすることもあります。

　そうやって考えると、特別支援学級には特別支援学校よりも柔軟性が必要であり、より一人一人に応じた学習プランが大切になってくるでしょう。ある小学校では「英語学習」、中学校では英語科の授業を取り入れ、国際理解をねらいとした外国人講師（外国人英語指導助手「ALT」などと呼びます）による授業を実施しているケースもあります。地域や学校、子どもの実態に応じて、特別支援学級の担任が、特別支援学校の指導内容を参考にしながら教育課程を組み立てていくのですが、これは実に大変な作業ですね。よほどの専門性がないと難しいのではないでしょうか。

4　特別支援学級の専門性

　学校教育法施行規則第138条には次のように記されています。「小学校若しくは中学校又は中等教育学校の前期課程における特別支援学級に係る教育課程については、特に必要がある場合は、（…中略…）特別の教育課程によることができる」と規定されています。これについて国立特別支援教育総合研究所のウェブサイトでは次のように解説しています。

「特別支援学級において特別な教育課程を編成して教育を行う場合であっても、特別支援学級は小・中学校に設置された学級であるため、学校教育法に定める小学校及び中学校の目的・目標を達成するものである必要があります。そして、特別の教育課程を編成する場合には、児童生徒の障害の状態等に応じて、特別支援学校の小学部・中学部学習指導要領を参考とし、例えば、障害による学習上又は生活上の困難の改善・克服を目的とした指導領域である『自立活動』を取り入れたり、各教科の目標・内容を下学年の教科の目標・内容に替えたり、各教科を特別支援学校（知的障害）の各教科に替えたりするなどして、実情に合った教育課程を編成する必要があります」。

小中学校の中にあるわけですから法で定められた小中学校の児童生徒への教育目的・目標を達成しなければならないし、同時に障害による困難の改善・克服を目指すため特別支援学校の教育課程を参考にして「自立活動」などを取り入れる必要もある。読んだ感じではそれこそ通常教育にも特別支援教育にもどちらにも造詣が深く、専門性が高い教員でないと対応できないのではないかと理解できます。しかし、小学校の学習指導要領「総則」の解説には実は次のような記述もあるのです。

「（特別支援学級は）学校運営上の位置付けがあいまいになり、学校組織の中で孤立することのないよう留意する必要がある。このため、学校全体の協力体制づくりを進めたり、すべての教師が障害について正しい理解と認識を深めたりして、教師間の連携に努める必要がある」。

学級担任に高い専門性が必要な割には「位置づけがあいまい」で特別支援学級が「孤立」してしまいかねない、だからそうならないようにしなさいということです。どうも特別支援学級の背景にはいろいろな課題が隠されていそうです。

5. 特別支援学級の担当教員

　通常、都道府県等の教員採用試験は学校種別（小学校、中学校、高校、特別支援学校等）ごとに採用枠が分かれています。そしてさらに中学校や高校では教科別（国語、数学など）に採用枠が分かれています。中学校と高校の教科担当を合わせて募集するところもありますし、特別支援学校の採用枠の中でさらに小学校（小学部）、中学校（中学部）国語などと細かく分けているところもあります。しかし、小中学校の特別支援学級の担当になる採用枠は今まではありませんでした。その中で埼玉県では平成23年度に実施された教員採用試験から特別支援学級枠を新設する、という英断を下しました。素晴らしい取り組みだと思います。

　このことからもいえるように全国的には小中学校の特別支援学級には、初めからそれを希望して担任になったという教員が非常に少ないという状況になっています。たまたま校内人事調整で、ある教員が校長から「次年度は特別支援学級の担任に」といわれ配属されるケースがほとんどです。もちろん特別支援学校教員免許の有無はあまり重視されていません。なぜなら小中学校で免許を持っている教員が極めて少ないからです。ということは、特別支援学級で指導をしている教員の中に、特別支援教育に関する専門性が果たしてどの程度あるのかといった疑問が生じてきます。特別支援学校よりも位置づけが難しく孤立してしまいがちな存在であるのに対し、その厳しい状況を打開できるような高い専門性を有している教員が担任になっているのでしょうか。実際に、長年特別支援学級の現場で教鞭を取り、専門性も指導技術も優れている教員を見かけることはあります。尊敬に値するような指導をされています。

　しかし、大変残念な話ではありますが、校内に適任者がおらず、若い教員や異動して来たばかりの教員などが配置されている学校が多くあるようです。「特別支援学級の担任にはなりたくない」といった考えを持つ教員がいることも一因です。その指導の難しさもあるのでしょうが、心のどこかで「障害児」への教育に対し、ある種の負の感情を持っている教員が多いのかもしれませ

ん。そのため、現役の校長や教育委員会関係者からよく聞くのは「特別支援学級担任のなり手がいないからお願いしやすい人に声をかける」という話です。中には通常学級の指導に疲れてしまって、障害児なら苦労しないで済むだろうとあえて特別支援学級を希望する教員もいるというような話も聞きます。

　学習指導要領の解説にも書かれているように特別支援学級の位置づけはとてもあいまいです。あいまいゆえに様々な教育課題が発生しています。何度も語ってきているように、特別支援教育には高度な専門性が必要です。しかし小中学校の特別支援学級には免許を持っている教員も少なければ希望して担任になる教員も少なく、教育課程も決まったものはなく、せっかく知的障害の学級と自閉症・情緒障害の学級に分けているにもかかわらず、児童生徒をひとつにまとめて授業を行っているという学校さえあります。

　知的障害がある子どもと知的障害はないけれど発達障害がある子どもが同じ授業を受けるのはあまりにも無理があります。子どもを伸ばすとか育てるという目的が感じられません。しかし、そこで教鞭を取っている教員やその学校の管理職は、それが問題であるということにさえ、気がついていないのかもしれません。

　筆者が特別支援学校でコーディネーターをしていた頃、近隣の小学校の特別支援学級担任から相談を受けました。彼女は長年、通常学級の担任として学習指導に実績を残し、校内でも人望があり、その教育力を認められていた方でした。しかしその年、本人の希望に反し校長から特別支援学級の担任になるよういわれました。偏見とまではいいませんが、やはり特別支援学級に対しては教員としてある種の感情を持っていたので、校長からそれを勧められた時点で大きなショックを受け、自分の努力は評価されていないのかとも思ったそうです。しかも彼女が担当することになった特別支援学級には障害が影響して不登校になっている児童がいました。保護者も学校の対応に不満を募らせ、たびたび押しかけてはクレームをつけるタイプの方でした。特別支援教育に専門性があるわけではなく、まったくの手探りの中で、不登校対応、保護者対応にも悩み、彼女の心はボロボロになりました。そんなときにたまたま筆者の存在を知

り、相談してきたのです。

　彼女は自分の努力が校長に認められなかったこと、保護者への不満、同僚の理解のなさなど不満をあげつらいました。そして「もうやっていけない」とまでいいました。ひょっとしたらちょっとした抑うつ状態になっていたのかもしれません。彼女の相談を受けたあと、彼女には内緒で小学校の校長から事情を聞くことにしました。彼は次のように語りました。

　「私は特別支援学級の担任には学校で一番優れている教員を充てようと考えています。それが彼女だったのです。彼女なら必ず、あの子どもたちをしっかり教育してくれるはずです」。

　彼女はそれを知りませんでした。校長の了解をもらい、彼女に校長の言葉をそのまま伝えました。そしてさらにこう付け加えました。「特別支援教育の経験や知識がないなら、それを隠さず保護者には明らかにしましょう。プライドを捨てて、保護者の協力も得ながら一から学んでみませんか。特別支援教育の概念は通常教育にも十分応用できます。先生の教員としての力量を伸ばすチャンスかもしれません。校長先生が与えてくれたチャンスなのかもしれません。私も応援しますから一緒に前を向いて歩んでみませんか」。彼女の心を覆っていた暗雲は、校長の「真実」を知り、あっという間に霧散しました。

　その後、彼女は保護者を誘って障害理解等の研修会に出かけ、保護者はその姿勢に感銘を受け協力的になり、不登校だった子どもも、徐々に教室に足を向けるようになりました。やがて地域では彼女の特別支援教育が高い評価を受け、その自治体の特別支援学級担任で構成される研修グループの長となり、地域全体の特別支援教育力が格段にアップし始めました。彼女は今、管理職となり、当時の校長の信念を引き継ぎ、学校で最も優秀な教員を特別支援学級の担任に据えることを続けています。

　繰り返しになりますが、このように特別支援学級の教育に全身全霊で取り組み、成果を上げている教員もいます。しかし、国や自治体が特別支援学級の教育力向上において、全出の埼玉県の取り組みのように何らかの形にして改善を進めなければ、そこでいくらがんばっている教員がいても、教育界の中にある

5. 特別支援学級の担当教員

誤解や偏見を取り去ることは難しいのではないでしょうか。

6 通常学級にいる知的障害児

　小中学校で行われている特別支援教育には、特別支援学級での取り組みのほかに一般に通級指導教室（「リソースルーム」ともいいます）と呼ばれる仕組みがあります。通常学級に籍を置きながらも教科等によっては少人数または個別の指導を受けたほうが良い児童生徒が、在籍する教室から離れて指導を受けることができるシステムです。あるいは、通常学級における一斉指導の中で学習支援員などと呼ばれる方がマンツーマンで横に付き特別な支援を行う取り組みもあります。

　しかしそのような教育の対象となるのは発達障害傾向等の教育的課題がある児童生徒がほとんどです。知的障害がある児童生徒は多くの場合、特別支援学級に籍を置いて本人の発達段階に応じた教育を受けています。なのでここでは通級指導教室等の説明は省きたいと思います。

　小中学校等における知的障害児教育においては、非常に大きな課題がもうひとつ残されています。それはエピソードにあったジロウ君のように知的障害があるのだけれど、自分も、保護者も、そして周囲の誰もそれに気がつかないというケースです。単に「成績が悪い」というだけで済まされてしまっている知的障害がある子どもが数多くいるはずです。

　通常学級で授業を受けてもその内容が理解できない、成績も良くない。しかし運動神経が良かったり友だちづきあいに問題がなかったり、あるいは「問題行動」と見られるような行為がなかったりすると、それはただ「勉強が苦手」というだけで真実を見過ごされてしまうことがあります。確かに中にはただ勉強不足というだけで成績が伸び悩んでいる場合もありますが、発達の遅れがあり、授業がまったくわからないという子もいるのです。

　そのような場合、小学校の高学年辺りから「努力しても成果が見られない」ために「学習性無力感」が高じるという心理状態に陥ることがあります。「学

習性無力感」を簡単に説明すれば「どうせ何をやっても自分はだめなのだから、もうどんなことにも努力をしようとは思わない」というような気持ちになることです。「無力感」を学習する、そういうことです。

そうなると勉強どころか運動にも、趣味にも遊びにも、そして学校へ行くこと、社会へ参加することにすら意欲を失ってしまいます。結果的に不登校や引きこもりといった状態につながります。中にはジロウ君のようにネガティブな行為で目立とうとし、存在感を確かめてマイナスな「生きる力」を身につけてしまうこともあります。そうなるといじめへの加担・暴力・万引き・飲酒・喫煙・バイク等による暴走行為などの非社会的・反社会的行為に手を染めていく子どもたちもいます。

成績が良くない、問題行動がある。このような行為を単に「本人の責任」「家庭の責任」と切り捨て、その背景にある真実を見極めようとしなければ子どもたちは救われません。皆さんがもし通常学校の教員になり、そのような子どもたちを見かけることがあったら、本書で学んだような知識を総動員して、彼らの背景にどのような真実が隠されているのか、を探ってみてください。

7 就学の問題

もうひとつの課題として就学の問題があります（ちなみに「就学」とは学校教育法第17条「満六歳に達した日の翌日以後における最初の学年の初め」に小学校に入学することをいいます。つまり6歳の誕生日を過ぎた次の4月1日に小学1年生になることです）。

学校教育法施行令第22条の3は「知的障害などの特別の事情がない子どもはすべて地域の小中学校に入りますよ」という法律です。その「特別の事情」についての基準が示されていて、小学校入学前に行われる就学前検診ですべての子どもに「特別な事情」があるかないかを調べています。

検診で「特別な事情」の可能性が認められた場合は別途、知能検査（田中ビネー検査、WISC-Ⅳ、K-ABCなどと呼ばれる知的発達段階を調べる検査・教員採

用試験の勉強には必須ですので改めてしっかり勉強してください！）などを実施します。

そしてそれらの検診結果、検査結果やその他の情報を基にし、市町村教育委員会が設置する就学指導委員会で「特別な事情」がある子どもの就学先を決め

表5-1　学校教育法施行令第5条対照表——旧1953年法と現行2013年法

改正後	改正前
第二節　小学校、中学校及び中等教育学校 （入学期日等の通知、学校の指定） 第五条　市町村の教育委員会は、就学予定者（法第十七条第一項又は第二項の規定により、翌学年の初めから小学校、中学校、中等教育学校又は特別支援学校に就学させるべき者をいう。以下同じ。）のうち、認定特別支援学校就学者（視覚障害者、聴覚障害者、知的障害者、肢体不自由者又は病弱者（身体虚弱者を含む。）で、その障害が、第二十二条の三の表に規定する程度のもの（以下「視覚障害者等」という。）のうち、当該市町村の教育委員会が、その者の障害の状態、その者の教育上必要な支援の内容、地域における教育の体制の整備の状況その他の事情を勘案して、その住所の存する都道府県の設置する特別支援学校に就学させることが適当であると認める者をいう。以下同じ。）以外の者について、その保護者に対し、翌学年の初めから二月前までに、小学校又は中学校の入学期日を通知しなければならない。 （削る。） （削る。）	第二節　小学校、中学校及び中等教育学校 （入学期日等の通知、学校の指定） 第五条　市町村の教育委員会は、就学予定者（法第十七条第一項又は第二項の規定により、翌学年の初めから小学校、中学校、中等教育学校又は特別支援学校に就学させるべき者をいう。以下同じ。）で次に掲げる者について、その保護者に対し、翌学年の初めから二月前までに、小学校又は中学校の入学期日を通知しなければならない。 一　就学予定者のうち、視覚障害者、聴覚障害者、知的障害者、肢体不自由者又は病弱者（身体虚弱者を含む。）で、その障害が、第二十二条の三の表に規定する程度のもの（以下「視覚障害者等」という。）以外の者 二　視覚障害者等のうち、市町村の教育委員会が、その者の障害の状態に照らして、当該市町村の設置する小学校又は中学校において適切な教育を受けることができる特別の事情があると認める者（以下「認定就学者」という。）

※傍線部分は改正部分

るパターンがほとんどでした。就学指導委員会には教育のほかに医療や心理の専門家が加わり、保護者の意見も参考にしながら「こちらの学校へ就学したほうがよいですよ」との結論が出されていました。

　昨今では国連の障害者権利条約（第24条）に示されたインクルーシブ教育（障害があるなしにかかわらず同じ場で共に学ぶこと）の理念から、特別支援学校の就学を勧められた子どもの保護者が「それでも地域の小学校で学ばせたい」と望めば認められるケースも増えてきていて、そのような子どもを一般的に教育現場では「認定就学者」と呼ぶようになっていました。

　改正前の旧・学校教育法施行令第5条の2では「認定就学者」を次のように定義しています。

　「視覚障害者等のうち、市町村の教育委員会が、その者の障害の状態に照らして、当該市町村の設置する小学校又は中学校において適切な教育を受けることができる特別の事情があると認める者（以下「認定就学者」という）」。

　ちなみに法律では特別支援学校が対象とする視覚障害、聴覚障害、知的障害、肢体不自由、病弱の5つをすべて含めて「視覚障害者等」と表すことが多くなっています。

　わかりやすくいえば、法的には「本来は施設・設備が整い、専門性のある教員が多い特別支援学校で学んだほうがよいけれど、地域の小中学校に特別支援学校で受けるのと同じくらいの教育を保障できる環境が整っているなら、そちらに就学させてもよい子ども」ということです。

8 「就学指導」から「教育支援」へ

　そして2013年（平成25年）8月、インクルーシブ教育の理念をさらに推し進めようと学校教育法施行令が一部改正されました。前節で触れたこれまでの就学支援のシステムが図5-1に示すように大きく変えられることになったのです。

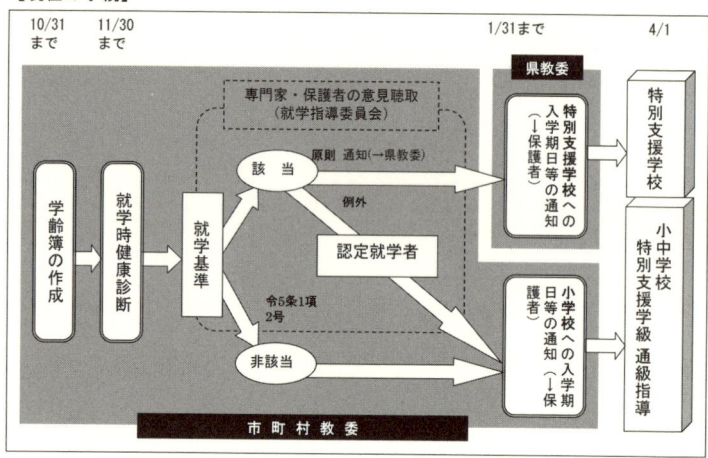

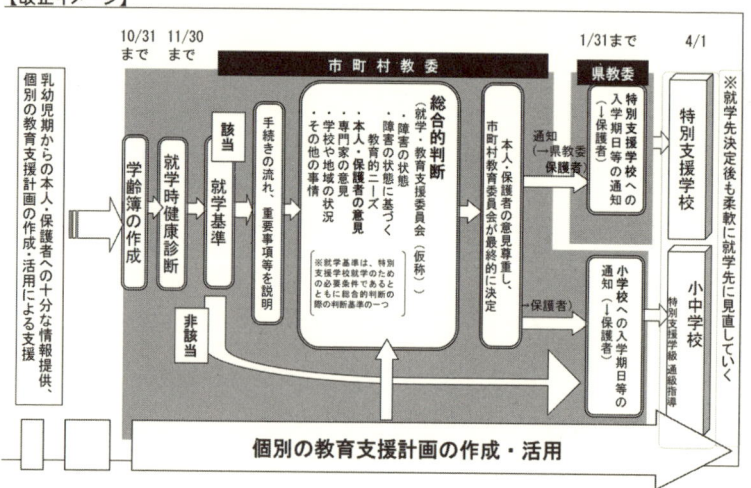

図5-1 障害のある児童生徒の就学先決定について（手続きの流れ）

文部科学省ウェブサイト（http://www.mext.go.jp/component/b_menu/shingi/giji/__icsFiles/afieldfile/2010/11/10/1298956_5.pdf）より

この改正における重要なポイントを文部科学省のウェブサイトでは以下のように説明しています。

　「視覚障害者等（視覚障害者、聴覚障害者、知的障害者、肢体不自由者又は病弱者（身体虚弱者を含む）で、その障害が、同令第22条の3の表に規定する程度のものをいう）について、特別支援学校への就学を原則とし、例外的に認定就学者として小中学校へ就学することを可能としている現行規定を改め、個々の児童生徒等について、市町村の教育委員会が、その障害の状態等を踏まえた総合的な観点から就学先を決定する仕組みとする」。

　つまり、今までは保護者の強い希望などで例外的に「認定就学者」を認めていたけれど、これからはそれを例外にするのでなく、施行令第22条の3に当てはまり特別支援学校へ就学することが妥当とされてきた子どもでも、今後はケースバイケースで「総合的判断」を行い、その就学先を決めていきましょうということです。
　したがって、これからは知的障害が比較的重い子どもたちも地域の小中学校に入ってくるケースが増えるかもしれません。また場合によっては、そのような子どもたちを特別支援学級ではなく通常学級で教育させて欲しいとする保護者の意見が優先されるケースが出てくるかもしれません。
　今までは就学先の方向性を決める委員会を前述のように就学指導委員会と呼んでいましたが、今後は「指導」するのでなく助言する、保護者を支援するという程度の組織にしようということで、これも「教育支援委員会（仮称）」のように名前を変えるという方向性が、法改正を通知した文部科学省の文書で示されています。
　ちなみに改正後の施行令では同令22条の3に示された特別支援学校の対象となる児童生徒を「認定特別支援学校就学者」と表記し「当該市町村の教育委員会が、その者の障害の状態、その者の教育上必要な支援の内容、地域における教育の体制の整備の状況その他の事情を勘案して、その住所の存する都道府

県の設置する特別支援学校に就学させることが適当であると認める者」と長い説明を付けています。

　これは「本来は特別支援学校の対象であっても、地域の教育体制が整備されていて、地元の小中学校等に通えるならそちらを優先してください。そういう状況にないなら特別支援学校へ」という方向性を明確に示したものです。これまでの「認定就学者」は、どちらかといえば「本当は特別支援学校に行ったほうが良い子どもたち」という意味合いが強かったものの、法改正後はインクルーシブの視点で「基本的に地域で受け入れることができる環境が整っているなら、どのような障害があっても地元の学校へ行くべき」子どもたちを「認定特別支援学校就学者」と呼ぶことになりました。以前の法律で使用されていた「認定就学者」と改正後の「認定特別支援学校就学者」は、言葉は似ていますが意味が大きく異なることをしっかり理解してください。

　すでに小中学校等のすべての教員に特別支援教育や知的障害等に関する理解が必要であることがおわかりでしょう。もはやこれらの知識や指導技術がなければ、学校の教員として勤務することは不可能であるといっても過言ではありません。「自分は小学校の教員を目指している」「中学校で英語を教えたい」などと希望している皆さんも、ぜひ本書を読み、特別支援教育の基礎を理解してもらえるとありがたいですし、今後のあなたにとってその知識は必ず有意義に作用していくだろうと信じています。

6 Chapter 特別支援学校を取り巻く諸課題

1 卒業生の進路

Episode 22 「エノキダ君の再就職」

　3月、緑の森特別支援学校が「春休み」に入りました。職員室では**異動**(1)する先生たちが荷物を片付け始めています。長年緑の森で勤務しているツノダ先生も「そろそろかなあ」と思いつつ、年度替わりの「大掃除」と称して職員室の机周りを掃除していました。

　そのとき、机の奥から高等部の学級担任をしていた頃の集合写真が出てきました。8名いる教え子の中央には、いつもクラスの人気者だったエノキダ君が笑顔で写っていました。「なつかしいなあ」。写真を眺めながら、そんな思いにふけっていたとき、事務室から電話がありました。「エノキダ君が来ていますよ」。そのタイミングのよさに驚きながらツノダ先生が玄関へ向かうと、そこには当時の明るさがまったくない沈うつな表情のエノキダ君がボーっと立っていました。

　「どうしたんだい」。「……クビになりました」。やはり、という思いがツノダ先生にはありました。エノキダ君は卒業後、地元の建築会社に就職しました。しかし、エノキダ君には少しだけ身体を動かしづらい障害特性があり、建築会社ではどうしても肉体労働が多いので、動作が周囲よりワンテンポ遅れてしまうといった課題があったのです。

　就職した当初は、会社側も療育手帳を持つ彼を「**障害者就労**」(2)の対象として扱い、彼の仕事を優しく気長に見守ってくれていたのですが、働いて数年にもなると「一人前」扱いされ、それでも仕事が遅れてしまう彼の周囲には、どことなくよそよそしい雰囲気が流れ始めていたようです。それでもエノキダ君は一生懸命名誉挽回をしようとがんばっていたのですが、同僚との会話も交流もなくなり、最近では泣きながらツノダ先生に電話をしてくることが続いていました。

　就職した卒業生のアフターフォローも担当する進路指導主任のサイトウ先生

は、それとなく勤務先に探りを入れてくれていたのですが、会社を訪れるサイトウ先生に人事担当は苦笑いしながら「ウチも困ってるんですよねー」と繰り返すばかりでした。特別支援学校の進路指導は常に難しい立場にありますので、あまり改善を強く申し入れることもできず、悔しさでいっぱいのサイトウ先生の報告を聞くツノダ先生も、暗澹たる気持ちになることがしばしばでした。

悲しさも悔しさもありましたが、それをぐっとこらえ、ツノダ先生はエノキダ君に言いました。「終わったことは仕方がない。君は良くがんばっていた。それは誰よりも俺が認める。これ以上がんばりすぎていたら君の心が折れてしまったかもしれないよ。むしろいい機会だったと捉えて、次のことを一緒に考えよう」。「先生、ボクに『次』はあるんですか？　ボクの何がいけなかったんでしょう」。エノキダ君は目を潤ませながら訴えました。その真実の叫びにツノダ先生は言葉を失ってしまいそうになりました。

そこにたまたま通りかかったのが所用で来校していた「ギンヤンマ」のダイゴさんでした。二人のただならぬ様子を見て思わず「どうしたの」と声をかけました。わけを聞きしばらく考え込んでいたダイゴさんでしたが、ふと思いついたように言いました。「エノキダ、ウチで働いてみるかい？」。エノキダ君が驚いて顔を上げました。

「ウチにはね、車椅子の子どももいてさあ、抱き上げるときに男手があると助かるんだよ。エノキダに来てもらうとありがたいなあ」。「本当にボクでいいんですか？　子どもの保育なんてやったことがありません」。「この仕事はね、子どもが大好き、子どもと楽しく遊びたい、って思う人が適してるんだ。子どもは好きかい？」「もちろん、大好きです」。エノキダ君は高等部にいた頃、小学部の小さい子どもたちに人気があり、そんな子どもたちとニコニコ遊んでいたことをダイゴさんもツノダ先生も思い出しました。

その日から「ギンヤンマ」にまずボランティアとして手伝いに入ったエノキダ君でしたが、やはりすぐに子どもたちのアイドルになり、特に車椅子のユウジ君はエノキダ君が見えなくなると泣き出してしまうほど仲良しになりました。その後、アルバイトとして給料をもらいながら働き始め、「ギンヤンマ」になくてはならない存在となりました。

5月の連休が近づいた新緑の学校に、エノキダ君は「ギンヤンマ」の車で下校する子どもたちを迎えに来ていました。子どもたちを車に乗せたあと、玄関にツノダ先生の姿を見つけて走りよってきました。「おお、どうだい、仕事のほうは？」。「ハイ、とても順調です。ダイゴ先生もいろいろと教えてくれて」。「そうか、よかったな、本当に」。

「先生、仕事ってただ一生懸命やればいいってわけじゃないんですね」。「うん？　どういうことだい？」。「前の会社ではきっと、がんばらなくちゃいけない、って思いすぎて余裕がなくなってしまったんです。いつも怒ったような顔をしていた

かもしれません。話しかけられても仕事に集中しすぎて返事もしていなかったかもしれません。だからきっと……」。エノキダ君はまっすぐツノダ先生を見つめながら話し続けました。

「あれはとてもいい勉強になったなって、今は思えるんです。だから前の会社にも感謝しているんです。あの経験がなかったら、オレ、もっともっとイヤなやつになっていたかもしれない。働くって、笑顔を忘れちゃいけないんですよね。今、とっても楽しいです」。遠くでダイゴさんが呼んでいます。「おーい、エノキダ、早くしろよ！」。「ハイ！ 今行きまーす」。

エノキダ君はぴょこんとお辞儀をして手を振るダイゴさんが待つ車に向かって少し足を引きずりながら走っていきました。ツノダ先生は、彼が元気に働いているだけでなく、周囲に認められながら働く彼の姿に感動を覚えずにはいられませんでした。

人は誰もがその存在を認められたいと願っています。障害があるから雇ってやろう、という気持ちもわからないではないのですが、それ以上に「あなたが必要だから」という会社や事業所が増えてくれるといいなあ、とツノダ先生は思いました。

学校の周りの家々の庭には、あちらこちらで大きなこいのぼりが泳いでいます。緑の森の青い空に泳ぐ色とりどりのこいのぼりは、もうそれだけで絵になるような美しさでした。まるで新緑のせせらぎに身を躍らせる活きのよい元気な魚たちのように……。

(1) 異動

学校の教員に異動はつきものです。都道府県の教育委員会によってその方針はまちまちですが、たとえば初任の教員は最初の3年間は原則として異動させないとか、同じ学校には7年間しかいられないなど、その方針を明確に決めているところがほとんどです。また「あの学校に異動したいなあ」と願っても、それが100％通るかどうかはなんともいえません。むしろ願いが叶わないことのほうが多いかもしれません。なぜなら教育委員会はその自治体内の学校すべての事情を総合的に考慮しながら教員の異動を決めるのであって、個人の希望は考慮しながらも、それを100％尊重することはかなり難しいからです。

ただし、いくら希望が叶わなかったからといってふてくされてしまうのは教育公務員のあるべき姿ではありません。どこの学校にもあなたを待っている子どもがいます。あの学

校でなければ仕事ができないというような方は教育のプロではありません。「弘法、筆を選ばず」です。目の前にいるその子どもを育てる。与えられた環境でベストを尽くす。この言葉を忘れないでください。

(2) 障害者就労

　法定雇用率という言葉があります。「企業や団体は従業員、職員のうち何％は障害者手帳を持っているものを採用するように」という法律です。2014年現在、従業員50名以上の企業等は2％の法定雇用率となっています。50人の従業員なら最低1人は障害者を雇用するようにということです。

　法定雇用率を守らない企業は罰則的に「障害者雇用納付金」を支払います。逆に雇用率を上回って障害者を雇用した企業には報奨金が支払われます。しかしこの報奨金も当初数年間しか支払われず、その期間が終わると障害者が解雇されやすいという話も聞きます。

　こうでもしなければ障害のある方が雇用されないというのは悲しい事実です。しかも日本には従業員が50名に満たない中小企業のほうが圧倒的に多いのです。法定雇用率は関係ないから障害者は雇用しないという企業があってもおかしくはありません。特別支援学校の卒業生にとっては厳しい現実です。

　ただ、それを改善しようとする試みは様々にあります。たとえば「特例子会社」という制度です。これはグループ企業が障害者を多く採用する子会社を作れば、子会社の障害者数をグループ全体の雇用率に換算してよいというような特例制度です。とにかくどのような形にせよ障害者を雇用しやすい環境を社会に作り出そうと国も知恵を絞っています。

　いろいろありますが、教育現場でできることは、子どもたちが伸ばせる力を精一杯伸ばそうとするお手伝いをすること。「働く力」をしっかり身につけ、自立して社会参加していけるよう教育することです。学校も頑張らないとね！

　　特別支援学校の高等部には知的障害が軽度の子どもたちが増えています。第1章「3. 特別支援学校」で触れましたが、以前には「何としても自分の子どもは高等学校へ」という家庭が多かったものの、最近は就職指導に熱心な特別支援学校高等部を選択するケースが増えています。軽度知的障害がある子どもたちが、無理をして高校に通うよりも就職に有利な特別支援学校を選ぶので、高等部には軽度の生徒が増えているのです。

　しかし、そこで職業指導を受け、民間企業で働く能力を備えても、障害者雇用に理解のない職場はまだまだ多く「特別支援学校の卒業生」というだけで敬遠してしまうところもあります。大手の配送ネットワーク事業やファーストフード事業、全国展開している大手の量販店などでは積極的に障害者雇用をしているところも出てきていますが、それでも就職できる特別支援学校卒業生は限られています。

うまく就職できたとしてもエノキダ君のように定着できず、転職を繰り返す者もいます。進路指導でも、また就職した後でも特別支援学校の子どもたちは苦戦を強いられています。就職する力があるにもかかわらず、できなかった、あるいは仕事をやめて在宅になってしまった子どもたちの予後はよくありません。引きこもりになったり、反社会的組織にかかわったり、女性の場合は風俗業に勤めたりすることもあるようです。

　また彼らはたとえ就職して自立的な生活が可能になったとしても、詐欺まがいの商法や迷惑メールなどにだまされてしまうケースが少なくありません。社会には障害者と知ってあえて訪問販売で高価な物品を売りつけたり、巧みな言葉で高額な投資を持ちかけたりする業者も存在します。また、ギャンブルを覚え、そのために消費者金融から際限なく借金をし、返せなくなるまで保護者や友人でさえそれに気がつかなかったというような例も報告されています。

　特別支援学校ではこのような社会の「負の側面」への対応に関する指導が不可欠である、と感じています。だれかにだまされそうになったり、会社をクビになりそうになったり、あるいは借金を重ねてしまったりしたときに、どこにどういう風に相談に行ったらよいのか、そんな指導を「自立活動」などの時間に行うべきではないでしょうか。

2　生徒指導と社会問題

　また、高校に進学できるくらいの高等部の生徒たちならではの問題も浮かび上がってきています。それは生徒指導上の問題です。軽度の知的障害はあっても中学校までは通常学級で学んでいた彼らは、社会性は高く、それゆえにあまり評判の良くない同年代のグループに誘い込まれたり、男女関係のトラブルがあったり、万引き、家出、喫煙といった今までは特別支援学校ではあまり想定されていなかった問題を起こすケースが増えているのです。特別支援学校の教員はそのような生徒指導の経験がない場合が多く、学校現場では試行錯誤を繰り返しているようです。

卒業後にふとしたことから犯罪行為にかかわったり、あるいは被害者になってしまったりすることも決して少なくはありません。1年間に刑務所に収監される受刑者のおよそ4人に1人は知的障害が認められるといった法務省の統計をご存知でしょうか（法務省「矯正統計年表」）。逮捕、起訴された段階で自分に障害があったことに気づく場合もあるのですが、特別支援学校を卒業した子どもたちが収監されるケースも数多くあります。

記憶に新しいのは2001年に東京都台東区で発生した知的障害者による女子大生殺害事件、いわゆる「レッサーパンダ帽子男殺害事件」（犯行当時、加害者が頭にレッサーパンダのぬいぐるみを模した帽子を被っていたことからそう呼ばれています）は北海道の高等養護学校卒業生によるものでした。彼は卒業後、就職したのですが解雇され、行くあてもなく国内を放浪し、日雇い業で稼ぎ、半ばホームレスのような暮らしをしながら、偶発的な犯行に及んだのです。

軽犯罪で身柄を拘束され警察の尋問を受けても、障害特性からすぐに謝罪の意を言葉で伝えられなかったり、また被誘導性（相手の言葉に誘導されやすい）という特性からやってもいない犯行に同意してしまったりして罪が重くなってしまうというケースもあります。障害が軽度ゆえの「生きづらさ」は実はとても大きな問題です。

3 山積する諸課題

(1) 教員の専門性

軽度知的障害の子どもたちの問題だけでなく、逆に重度重複学級の子どもたちにとっては、障害が重い子どもの教育に関する専門性が高い教員が少なく、また単に「障害が重い子どもはもちたくない」などといったつまらないわがままで担任になることを拒否する教員がいるなどの問題があります。

特別支援学校小中学部の子どもの4割以上が知的障害を伴う自閉症児であるというデータがあるのですが、自閉症への専門性を有している教員が決して多くはないことも課題のひとつです。

(2) 過密化・教室不足

　免許を持たない教員が5割を占める特別支援学校があったり、児童生徒の増加に教員の補充が追いつかず、全職員数の2割が正規の教員ではなく講師であるなどという特別支援学校もあったりします。児童生徒の予想以上の増加により教職員数も増やさざるをえず、職員室が満員電車状態で、やむなく廊下に机を置いて仕事をさせているといった学校もあります。全国的には児童生徒数が500名を超えるような特別支援学校もあり、対策が急がれます。

　しかし、これも筆者の主観ですが、小中学校に比べれば特別支援学校の校舎を増築しよう、新設校を作ろうといったいわゆる「過密化」「教室不足」と呼ばれる問題に対して行政の動きは鈍いように感じます。子どもが増えすぎて教室が足りず、今まで廊下だった場所に壁を付けて急遽「教室」に作り変えたり、図書室や音楽室などの特別教室を普通教室に作り変えたりして急場をしのいでいるところが多いのですが、もし同じことが小中学校で行われたらどうでしょうか。図書室や音楽室がない小学校を想像できますか？　子どもたちの教育に影響が出るでしょうし、保護者が黙ってはいないでしょう。それがわかっているから行政もそんな無茶な真似はせず、少なくともプレハブ校舎を作って対応するといったようなところが多いはずです。

　しかし、特別支援学校が先のような状態になっても、それをすばやく改善しようとする動きは見られません。それはなぜでしょう。そこから先は皆さんの想像にお任せしますが、ぜひ一緒に考えていってもらいたいところです。

(3) 校舎の利便性

　最近では廃校になった小中学校や高校の校舎を特別支援学校に転用するという動きも多いようです。しかし、そもそもそれらの校舎はバリアフリーを前提に設計されているわけではなく、ある程度の改築はあっても、結局障害のある子どもたちには使いにくいといった報告もあります。中には小学校の校舎を特別支援学校の中学部や高等部の生徒が利用するといったケースもあり、低い洗面台や小さな便器に難渋する場面も見られるようです。

また特別支援学校は、今よりも昔はさらにその存在意義を認められていなかったので、建設時への反対運動などを考慮して、地方へ行けば行くほど不便な場所に作られることが多かったようです。あまりにも不便な場所にあったり、あるいは学区がものすごく広かったりすると、登下校時のスクールバス運行で1日のうちの計3時間から4時間をバスの中で過ごす子どもたちが出てきています。その間の「教育保障」をどう考えればよいでしょう。

　小中学校のように「設置基準」というようなものが特別支援学校にはないという問題もあります。たとえば学校の側にパチンコ店や風俗店などを作ってはいけないというような決まりが小中学校等にはあるのですが、特別支援学校にそのような基準はないので、すぐ近くに廃棄物処理場があったりホテル街があったりする特別支援学校も存在します。たぶん、そんな基準を作ると余計に特別支援学校を設置する場所探しが大変になるということなのでしょうが……。

(4) その他の課題

　教職員の問題についてはすでに何度も述べてきました。免許を所有していない教員の多さ、免許がないと知っていて特別支援学校にそれらの人員を配置する教育委員会、免許がなくても受験できる特別支援学校の教員採用試験など、これはもはや構造的な問題といっても良いでしょう。同じようなことが小中学校で許されているでしょうか。そうではないですよね。

　児童生徒の問題を見ても、特別支援学校でも不登校の発生数は増えているようですし、保護者から虐待を受けているケースなどがあります。自閉症児が全体の4割、と書きましたが、残る児童生徒のうち4割が重度重複障害というデータもあります。障害の重度重複化も進んでいるのです。低体重などの課題を抱えて生まれてきた子どもたちが最新の医療で生命を救われ、しかし重い障害が残ったという傾向も続いています。障害が重い子の在籍率が今後はもっと高くなっていくかもしれません。

　そのような重い障害を持った子どもたちへの痰の吸引（気道にたまった痰を機械で吸い取る）、経管栄養（外部から食道にチューブ等で直接流動食を流し込む）、

導尿（尿道にチューブを入れ外部に尿を導き出す）に限られている医療的ケアの対応も課題です。基本的には医師または医師から指示を受けた看護師、保護者しかやってはいけなかった行為なのですが、対象になる子どもたちが増加する一方で看護師の確保が難しく、かといって保護者の付き添いを求め負担をかけることもできません。そこで文部科学省と厚生労働省は協議、検討の上、2012年4月からは公的な研修を受けた教員に限り前述の三つの行為のみ看護師がいなくても実施しても良いという方向性を示しました。

　しかし、まだまだ研修をクリアした教員の数は少なく、家庭のニーズに100％応じることは難しいようです。万が一の事故が起きた際の責任の所在もはっきりはしていません。個人の責任なのか、学校長の責任なのか、教育行政の責任になるのか。

　知的障害の特別支援学校に精神疾患等の「心の病」を持つ児童生徒が入学するケースもあるようです。あるいは在校生が「心の病」になったという報告もありますが、教員に「子どもの心の病」に関する知識や理解がいまだに広がっていないため、対応に苦慮しているようです。

(5) 子どもたちのために！

　特別支援学校で働くことを視野に入れている皆さん。またすでにそこで活躍されている皆さん。そこには公務員の中でもより充実した給与や権利の保障があります。しかし様々な課題も多く、教員としての専門性や指導力のほかに強い精神力、根気強さ、忍耐強さ、人間関係調整力など総合的な人間力も必要とされている厳しい職場でもあります。ただ、子どもたちが成長し、今までできなかったことができるようになる、そんな大きな喜びが日々どこかで確認できる職場です。

　フロンティアスピリットにあふれている方を歓迎します！　どうか一緒にこの素晴らしい世界をどんどん社会にアピールし、子どもたちの笑顔がよりいっそう輝くような教育を行えるよう、ともにがんばりましょう！

あとがき

　エピソードに紹介されていた緑の森特別支援学校やそこで働く先生たち、子どもや保護者の姿はどれも忠実なモデルはあるものの架空の存在です。だからこそ、筆者が考える最も理想的な学校像、教員像を描いたつもりです。実際にはこのような素敵な教員もいますし、そうでない教員もいます。

　しかし、いずれにせよ特別支援学校が魅力的な職場であることに違いはありません。筆者自身は中学校に勤務していた当時、「特殊教育」について実地で学びたいと考え、数年後には中学校の教員に戻るべく異動を希望したのですが、すっかりこの世界にはまってしまいました。なんといっても純粋で清らかな気持ちを持つ子どもたちが愛しくてたまりませんでした。結局、中学校に戻ることなく退職するまでのその後の23年間を特別支援学校で過ごしました。

　もちろん教え子が亡くなってしまったり自宅から遠く離れた住み込みの仕事を選んだ教え子から「帰りたいよう」と涙の電話をもらったりするなど辛いことや悲しいこともたくさんありましたが、子どもたちの笑顔に救われることもまた数多くありました。

　まだまだ特別支援学校や特別支援教育は教育界でマイナーな扱いを受けているように感じます。しかし、日本の教育課題の多くは特別支援教育の視点で解決が可能なのではないか、と信じています。たとえば小中学校の不登校対策に特別支援教育のノウハウを用いれば明らかに改善できると考えていますし、実際にコーディネーター時代、そのような支援方法で子どもが登校復帰を果たせたという実績があります。またユニバーサル授業といって特別支援教育の観点を取り入れた通常学校の教育手段が、障害傾向がある子だけでなくすべての子どもに有効であるという実践研究も進められているようです。

　友人が「一昔前は自動車のエアバッグは『特別』装備だった。でも今は標準装備であり、エアバッグがあって当たり前の時代になっている。特別支援教育

もやがて『特別』という言葉が要らなくなり、すべての学校にあって当たり前の時代が来る」と言っていましたが、まさにそのとおりだと思いました。
　特別支援学校の教員を目指したり、実際にもうそこで働いている皆さん。「特別支援学校を目指している」「そこで働いている」という事実にプライドを感じてください。それは専門性のない者にはできない、大変な重責を担う職種であり、一人の人間として子どもたちの人生を左右するくらいに影響力のある仕事なのです。あなた方のその瞬間の一言、一挙手一投足が子どもたちの人生を変えることになるかもしれません。そしてその子どもたちが今後の社会に大きな影響を与えていく、社会を変えていく可能性もあります。
　今後も数多くの優秀な若者たち、社会人の方々が「この世界でぜひ働きたい！」と思えるような教育、広報宣伝活動を展開していきたいと考えています。一緒に歩んでいきましょう。

索　引

あ行

ICF（国際生活機能分類）　19
ICT環境　168
アスペルガー症候群　24
アセスメント　137
遊びの指導　92,93
合わせた指導　88
生きる力　26
移行支援計画　66
異動　193
医療的ケア　199
胃ろう　54
インクルーシブ　190
インペアメント　18
WISC-Ⅳ　185
運転技師　43
ADHD（注意欠陥多動性障害）　26
ADL　20
遠足・集団宿泊的行事　112

か行

介助員　24
カウンセリングマインド　137
夏季休業　53
学習支援員　24
学習指導要領　54
学習障害　24
学童保育　143
家族支援　127
学校技能員　43

学校教育法施行規則第25条　55
学校教育法施行規則第130条の2　87
学校教育法施行規則第138条　179
学校教育法施行令第5条　35,186
学校教育法施行令第22条の3　17
学校教育法第17条　185
学校教育法第34条第1項　59
学校教育法第43条　117,121
学校教育法第72条　22,29
学校教育法第74条　24,121
学校教育法第81条　25,176
学校教育法第81条の2　36
学校行事　112
学校公開　31
過密化　31,197
環境の把握　80
関係機関　64
きざみ食　54
儀式的行事　112
基礎免許　40
虐待　164
QOL　21
休暇等　155
給与　154
教育課程　56
教育基本法第4条　55
教育公務員　152
教育公務員特例法　154,159
教育支援委員会　189
教員免許　40
教科書　59

202

教育的ニーズ　25
教室不足　31,197
教頭　39
教務主任　40
業務評価　169
教諭　39
勤務時間　154
勤労生産・奉仕的行事　112
K-ABC　185
傾聴　128
健康安全・体育的行事　112
健康の保持　80
研修　159
講師　40
校長　39
高等学園　32
行動障害　54
高等特別支援学校　32
高等部　13
広汎性発達障害　24
交流及び共同学習　60,113
国語的、数学的な指導　96
国連・障害者の十年　17
心の病　17,134,199
ことば・かず　96
個別支援計画　66
個別の教育支援計画　64
個別の支援計画　66
個別の指導計画　64
コミュニケーション　80
　──の障害　34

さ行

作業学習　98,99
産業現場等における実習　99

三障害　17
支援員　24
支援教育　27
視覚障害　16
事故欠席　134
自傷行為　34
児童　13
指導教諭　39
児童福祉法第41条　13
児童福祉法第42条　13
児童擁護施設　13
自閉症　21,34
自閉症スペクトラム障害（ASD）　24
社会参加　60
弱視者　176
就学支援計画　66
就学指導委員会　35
重症心身障害児（者）　77
重度・重複障害学級　53
重度重複障害　21
就労継続支援事業所　101
主幹教諭　39
準ずる教育　86
障害児施設　13
障害者運動　16
障害者基本計画　18
障害者権利条約第24条　187
障害者就労　194
障害者年金　39
障害者の権利に関する条約　18
小学部　13
衝動性　64
情報活用能力　55
食育　21
職務上の命令　153

索引　203

初任　　38
自立　　77
自立活動　　48,78
白杖　　80
人権侵害　　160
人事交流　　42
身体虚弱者　　176
身体障害者手帳　　15
身体の動き　　80
進路指導主任　　40
スクールバス　　13,46
生活介護施設　　69
生活単元学習　　48,95
生活の質　　21
精神薄弱者の権利宣言　　17
精神保健福祉手帳　　17
生単　　94
生徒指導主任　　40,46
生徒手帳　　46
世界国際障害分類　　18
設置基準　　198
染色体異常　　34
センター機能　　121
全体の奉仕者　　152
全日本手をつなぐ育成会　　16
装具　　76
総合的な学習の時間　　105
ソーシャルスキルトレーニング　　81

た行

対人関係の障害　　34
ダウン症　　21
多動傾向　　64
WHO　　18
地域支援部　　135

知的障害　　13
知的障害者施設　　15
知能検査　　24
知能検査（田中ビネー検査）　　185
知能指数　　13
地方公務員法第30条　　152
注意欠陥多動性障害　　24
中学部　　13
聴覚障害　　16
通級指導教室　　17,184
ディスアビリティ　　18
動作訓練法　　76
道徳　　107
特殊学級　　25
特殊教育　　18,25
特別支援学校　　17
特別支援教育コーディネーター　　24,135
特別活動　　107
特例子会社　　194

な行

内部障害　　16
難聴者　　176
二次障害　　134
日常生活動作　　20
日常生活の指導（日生）　　47,48,90,91
日課表　　107
日本国憲法第26条　　59
人間関係調整力　　138
人間関係の形成　　80
認知　　13
認定講習　　41
認定就学者　　187
認定特別支援学校就学者　　189
脳機能障害　　34

204　索引

脳性まひ　80

は行

バーンアウト　169
発達障害　17,24
発達障害者支援法　24
発達段階　26,57
バリアフリー　16
ハンディキャップ　18
販売会　101
被誘導性　196
病弱教育　17
開かれた学校作り　113
部活動　49
副校長　39
福祉作業所　69
福祉避難所　120
普通教育　25
不登校　134
文化的行事　112
放課後子ども教室　143
放課後等デイサービス　50,143
法定雇用率　194
保護者支援　127
ボッチャ　49

ま行

メンタルヘルス　168
モンスターペアレント　125

や・ゆ・よ行

ユニバーサルデザイン　16
養護学校　25,29
余裕教室　117

ら・り・る・れ・ろ行

療育手帳　35,134
連絡帳　13,129

〈著者紹介〉

松浦俊弥（まつうら　としや）

　1963 年生まれ
　桜美林大学文学部英語英米文学科卒業
　淑徳大学大学院社会福祉学専攻博士前期課程修了（社会福祉学修士）
　現職：東京福祉大学社会福祉学部准教授（教員養成課程）
〈主な経歴〉
　浦安市中学校教諭（進路指導主任ほか）、県立知的障害特別支援学校教諭（生徒指導主任・特別支援教育コーディネーターほか）、県立病弱特別支援学校教諭（特別支援教育コーディネーター・教務主任ほか）、県立知的障害特別支援学校教頭、元　NPO 法人あかとんぼ福祉会理事長（障害児放課後クラブ）、元　四街道市特別支援教育連携協議会専門家チーム座長、元　四街道市障害区分判定審査委員、元　富里市・八街市特別支援連携協議会専門家チーム委員、現在、八街市子ども・子育て会議座長
〈資格〉
　臨床発達心理士・自閉症スペクトラム支援士エキスパート
〈主な受賞歴〉
　読売教育賞最優秀賞（平成 16 年）、NHK 障害福祉賞（平成 21 年）
〈所属学会〉
　日本特殊教育学会、自閉症スペクトラム学会、日本育療学会
〈主な著作・執筆〉
　「病気の子どもの理解のために」（国立特別支援教育総合研究所・全国特別支援学校病弱教育校長会編・共著）、「自閉症スペクトラム児・者の理解と支援」（教育出版・共著）、「自閉症スペクトラム辞典」（教育出版・共著）、「生きる力と福祉教育・ボランティア学習」（万葉舎・共著）

【特別支援教育の現場がわかる】
エピソードで学ぶ知的障害教育

2014 年 10 月 25 日　初版第 1 刷発行

著　者　松浦俊弥
発行者　木村哲也

印刷／製本　新灯印刷

発行所　株式会社 北樹出版
http://www.hokuju.jp

〒 153-0061　東京都目黒区中目黒 1-2-6
TEL：03-3715-1525（代表）　FAX：03-5720-1488

ⓒ 2014, Printed in Japan

ISBN 978-4-7793-0441-5

（乱丁・落丁の場合はお取り替えします）